ET L'AMOUR
DANS TOUT ÇA?

DES MÊMES AUTEURS

De Kriss Graffiti

Le Parcours du cœur battant, Alta, 1977

Sur un Air de poissons volants, Le Seuil, 1981

Le Livre des Best (avec Jacob Dellacqua), First, 1988

De Chantal Pelletier

L'Octobre, Pauvert, 1976

Eddy Mitchell, coll. « Chansons d'aujourd'hui », Seghers, 1981

Papy Boom (avec Maximilienne Levet), Grasset, 1988

Photo de 4e de couverture : A. SARTER

Kriss Graffiti
Chantal Pelletier

ET L'AMOUR DANS TOUT ÇA?

BALLAND

33, rue Saint-André-des-Arts, 75006 Paris

Jacob Dellacqua
Thierry Lefèvre Grave

A nos amours dans tout ça...

Sommaire

Préface

L'amour est un morceau de chocolat capable de nous faire marcher sur les mains en plein hiver ou de nous clouer au lit en dehors des épidémies de grippe. Mais si nous sommes tous accros au magnésium du désir, à l'amour de l'amour, nous savons aujourd'hui que cette denrée précieuse et magique est de plus en plus éphémère.

La vie amoureuse actuelle ressemble à un pare-brise qui se serait pris un caillou à grande vitesse : en France, le nombre des divorces a doublé en dix ans, un enfant sur cinq ne vit pas chez ses deux parents, et on compte 18 millions de « solitaires ». Mais quel portrait affectif de notre civilisation obtient-on en assemblant les différentes pièces de ce puzzle de statistiques? Quel est le quotidien de cet Amour Nouveau, vécu seul, en couple, ou en famille?

Le changement des relations amoureuses, sans doute le phénomène social le plus important de notre époque, a modifié la vie de chacun de nous, et nous sommes tous, parfois sans le savoir, les acteurs de ce chamboulement.

Les tabous sont tombés, ceux des apparences en tout cas. Les combats contre l'âgisme et le racisme en amour sont encore à mener mais jamais les relations affectives et sensuelles n'ont été aussi diverses. Il n'y a plus une morale mais des comportements qui coexistent plutôt pacifiquement : on invite à la même table couples homosexuels et catholiques, concubins, « mariés civils », ménage à trois, célibataires... Tolérance ou indifférence? On ne chipote plus, vu qu'il existe à ce jour au moins 7 sexes différents (Hétéros mâles ou femelles, « Télébaiseurs », Abstinents, Gays, Homosexuelles, Multisexuels).

De l'enchevêtrement des valeurs d'hier et d'aujourd'hui, naissent les états, ébats et débats de l'Amour Nouveau. Il y a eu les années « il est interdit de baiser » puis les années « il est interdit de ne pas baiser »; maintenant chacun choisit sa façon de jouir ou de déraper dans une société qui vient d'ingérer les deux seules véritables révolutions amoureuses depuis la découverte du rôle exact de l'homme dans la fécondation : la contraception et l'indépendance matérielle des femmes. Résultat? On ne peut compter que sur les sentiments pour assurer le « dur désir de durer ». Le panorama de l'Amour Nouveau a changé si vite que personne n'a encore trouvé ses repères.

Et l'amour dans tout ça?

Le couple au long cours n'est-il déjà qu'une survivance? Comment faire cohabiter longtemps (on vit trente ans de plus qu'au début du siècle) une équipe dont chacun des partenaires connaît la saveur de l'indépendance? Qui s'occupera de l'intendance pendant que papa-maman seront au cinéma ou au cours du soir de formation professionnelle? Et pourquoi s'acharner, quand le cœur n'y est plus, puisque les enfants de divorcés se portent, finalement, aussi bien que les autres?

Les familles « éclatées » sont-elles les vraies familles du futur? Le célibat continuera-t-il à se développer de façon aussi spectaculaire? Les séductions, les abstinences et les plaisirs seront-ils des conquêtes durables de l'individualisme actuel?

Tous ces phénomènes, encore essentiellement citadins, gagnent du terrain tous les jours et le mouvement amorcé depuis quinze ans n'apparaît plus comme un simple mouvement d'humeur.

L'amour n'est plus ce qu'il était? Tant mieux. Il n'était pas franchement parfait. Enfin libres, nous sommes tous en train d'inventer, selon le précepte de Rimbaud, « de nouveaux astres, de nouvelles chairs, de nouvelles langues »...

Voici donc le portrait souriant de cette quête tous azimuts d'un bonheur sans lois ni modèles, sans interdits ni certitudes.

LE NOUVEAU PAYSAGE AMOUREUX

L'amour est devenu multiprogramme : on saute à pieds joints par-dessus les catégories, s'offrant le luxe d'être tour à tour enfant, célibataire, parent, marié, divorcé, re-célibataire, bel-enfant, re-parent, concubin, ex-, beau-parent, re-célibataire, re-concubin, faux-parent, re-beau-parent, parent de ses parents, veuf et re-monoménage... Et tout ça fait une vie chaotique dont on écrit le scénario en même temps qu'on en effectue le montage, essayant d'assembler les différentes séquences pour leur donner un air de cohérence.

L'Amour Nouveau, haché menu dans l'espace et le temps, est funambule, vagabond, et il fait ce qu'il peut. S'il n'offre pas du cinéma permanent, il propose des films différents selon les séances, avec entractes, vacances et variété des programmes : grand spectacle, art et essai, comédie... C'est déjà pas mal, mais pourtant, on n'en a jamais assez et, quoi qu'on vive, on garde au cœur une étrange nostalgie...

Si on est un vrai pur et dur célibataire « tout

seul dans son chez-soi », on est forcément issu d'une rupture avec un foyer, qu'il soit papa-maman ou conjugal, et on se sent plus ou moins orphelin d'un Eden affectif. Chaque foyer (couple, famille), quant à lui, est issu d'une rupture avec des célibats, et chacun de ses membres garde le spleen du temps où il pouvait regarder des conneries à la télé jusqu'à trois heures du mat' sans se faire engueuler. Les pieds sont dans les pantoufles, mais la tête se balade dans les autres épisodes du feuilleton : les précédents ou les prochains.

On voudrait la passion dans la durée et le célibat dans le couple, avec en même temps une famille, c'est-à-dire des gosses, des albums-photos et des pique-niques à la campagne. Hé là! Du calme! On peut combiner plusieurs amours mais pas tous. Sinon, on mélange toutes les couleurs et on obtient du blanc, c'est-à-dire rien du tout. C'est malin!

Alors, on opte pour la politique du « moins pire », pas le « top », on le sait, mais plus tard on verra : la carte de géographie amoureuse est un puzzle dont on ne réunira jamais toutes les pièces.

Tant pis-tant mieux! Vivons chaque épisode. Sur la mer de l'intranquillité amoureuse, célibat, couple et famille sont dans un même paquebot que l'on explore de la cale au pont... Et quand ce trio tombe à l'eau, qu'est-ce qu'il reste? L'amour de l'amour, toujours, rayon de soleil dont nous suivrons ici les jeux de cache-cache sur les cassis et dos d'ânes du nouveau paysage amoureux.

Couples : le marché commun amoureux

L'inconvénient majeur du couple c'est qu'il est composé de deux individus. Pour mesurer l'ampleur du problème il suffit de se livrer à une expérience : montrer un homme et une femme nus à un extraterrestre, et tenter de le convaincre qu'ils se ressemblent!

Malgré tout, la vie à deux reste une pratique tenace qu'on ne recommande peut-être pas à son meilleur ami, mais dans laquelle on plonge tous un jour ou l'autre, et souvent à plusieurs reprises. D'ailleurs les temps et les humeurs évoluent. Exit les années 70 et leurs lamentations antiduos! Plus personne ne change de trottoir quand il croise un couple dans la rue. On envierait plutôt ces animaux qui vont par deux.

Bizarrerie multiforme, le couple refait son look : mariages mathusalem capables de durer soixante-dix ans, liaisons qui n'ont de dangereuse que leur brièveté, compagnonnages libres, et surtout, must des valeurs en hausse, le couple « solidaritaire » pour lequel s'aider est aussi important que s'aimer. En ces temps de vaches mal nourries, additionner deux maigres ASSEDIC ou deux salaires bloqués pour partager un loyer grimpant peut être une bonne affaire. L'union fait la force des économiquement plus faibles, et si c'est une galère, au moins on est deux à ramer.

Dans tout ça, avec ou sans alliance, les unions n'ont pas fini de faire des adeptes malgré méga stress et giga fatigue qui (surtout dans les grandes villes : 1 divorce pour 2 mariages) désunissent cruellement les amants, à peine bons à « faire dodo » ou « regarder télé » après leur journée de boulot. D'autant plus que juste avant de se coucher, ils ont connu les affres de « l'aile ou la cuisse », malaise vécu en direct autour d'un poulet rôti, posé entre Figuette, qui aime la cuisse, et Bananon, qui aime l'aile. Ça devrait être facile : elle mange la cuisse et lui l'aile? Eh bien non! En vertu du sacro-saint « je crois que tu te sacrifies pour me faire plaisir, donc je fais le contraire de ce que tu me demandes », elle lui donne, à lui, le « meilleur » morceau : la cuisse, ben tiens! Résultat : ils mangent tous les deux ce qu'ils n'aiment pas.

Cette règle du jeu s'applique à une quantité d'autres détails de la vie quotidienne, et crée un maximum de problèmes. Enfin, maintenant on le sait, et ça change tout! Pour le poulet, par exemple, on peut acheter les volatiles en pièces détachées : rien que des cuisses, rien que du blanc ou rien que des ailes! Pas de cas de conscience, pas de conflit, pas d'erreur, et moins de restes dans le frigo. Or, si on est capable de résoudre « le problème du poulet », aucune raison pour qu'on ne puisse pas, AVEC UN PEU DE BONNE VOLONTÉ, faire « un couple qui marche », même si ce n'est pas évident.

Traditionnellement, le couple est un « monomoteur ».

L'amour, ou du moins la « vivacité du sentiment conjugal et de l'estime réciproque », c'était jusqu'ici le travail de Figuette. A elle de s'arranger pour que ça roule et que Bananon trouve paix et confort sitôt rentré au foyer. A l'époque des navettes spatiales, et compte tenu de la généralisation du travail féminin, on s'imagine bêtement que le couple devrait passer dans la dimension « biréacteur ». Mais le nouvel avion a du mal à décoller et l'augmentation régulière des divorces (près d'un mariage sur trois sur l'ensemble de l'Hexagone), est essentiellement due au non-respect du théorème suivant : pour qu'un couple fonctionne, il faut qu'au moins un des deux partenaires ne soit pas célibataire, le non-célibataire du couple étant celui qui entretient la flamme. Mais Figuette en a marre d'être la seule mariée du couple. Elle cesse de faire « MOTEUR AMOUREUX ». C'est malin! Déjà que Bananon est surmené, ou en proie aux affres du chômage, au minimum il a laissé des plumes professionnelles dans les barbelés de la crise, c'est vraiment pas le moment de lui demander un « supplément créativité amoureuse ». Quant à elle? Si elle parvient de justesse, en courant très vite, à être à la fois femme d'intérieur ET d'extérieur, elle a du mal à se précipiter sur Bananon dès qu'il rentre pour lui masser la nuque en lui faisant la danse du ventre. Tant qu'à choisir, elle lâche plus volontiers son rôle de vestale que ses enfants ou son métier. 77 % des divorces sont demandés par les femmes de tous âges. C'est ce qu'on appelle « la surprise de la chef ».

Le monomoteur plane avec difficultés. Panne de couple, et pas de mécano pour réparer. « Lorsque l'autre d'entre nous fera 70 % du chemin, je serai méchamment rassuré », pensent les deux partenaires. « Faut pas déconner!, se dit le type en regardant *Sexy-folies* à la télé. On sait bien quand même! Le féminisme c'est fini, et heureusement, parce que, tout le monde le reconnaît aujourd'hui, c'était une erreur!! » « Absolument tout à fait », murmure Figuette en avalant de travers son gros agenda Filofax. Se ressaisissant aussitôt, mais pour combien de temps, elle remet en place ses dessous transparents « Aubade pour un homme » avant de faire la liste des courses pour le lendemain.

Moins bruyantes, les scènes de ménage!

Pour se mettre en colère, il faudrait avoir quelques certitudes inébranlables. Elles ne sont plus en vente depuis belle lurette, et les expériences passées nous ont appris qu'on pouvait être très-con-très-con en toute bonne foi. Et puis l'engueulade, les insultes, les bruits, on en a peur. On sait qu'il suffit de laisser passer un premier mot plus haut que l'autre pour que suivent les cris dont on connaît l'inefficacité. Alors, on laisse courir. A force de courir on s'essouffle... mais on s'y attendait, dit-on d'un sourire mi-navré mi-je-l'avais-prédit! D'accord on s'est planté, mais au moins ça ne nous étonne pas. Triste mais pas débile, l'honneur est sauf.

Enfin, ON VA PAS SE LAISSER DÉCOURAGER POUR SI PEU! On ne s'était peut-être pas engagés suffisamment à fond... D'abord, on n'était même pas mariés. C'est pour ça! Cette fois on va faire du solide, du vrai, comme autrefois. Pas de la gnognote. On va passer sous l'estampillage Pronuptia. Construire la maison en brique des trois petits cochons. On sait bien que le mariage n'est pas une garantie, mais quand même ça doit bien changer quelque chose PSY-CHO-LO-GI-QUE-MENT.... Éventuellement si on a envie de sacré on se marie à l'église (60 % des mariages sont religieux). Faut dire que la salle de la mairie n'est pas exaltante et la cérémonie à la chaîne plutôt débandante. Du coup, on essaie d'officialiser autrement. On va faire un mariage rituel en Afrique, on se fait marier par ses meilleurs amis qui organisent une fête mystérieuse, on envoie un télégramme à tous les copains : cette fois c'est pour toujours! Enfin on essaie, dans la dérision ou le dépaysement, de marquer le coup. Tentative émouvante dans une société sans repères pour faire la différence entre les amours et l'Amour...

Sans compter que le mariage est une façon assez cotée d'emmerder le monde.

Adieu « babas » et vieilles « colles ». On n'a pas peur de s'engager, on est enfin devenu adulte, etc. O.K. Faire la fête, en blanc, à l'église Machin, ou en rouge à la mairie Truc, grande bouffe chez Patin, liste chez IKEA ou BHV, reportage photo à la japonaise par le copain presque pro avant de partir en T2 à Vienne ou à Grenade, non seulement ça a du chien, non seulement ça coûte pas plus cher qu'une semaine de ski avec le gymnase club (si on compte les cadeaux qu'on récupère à l'occasion), non seulement ça permet de s'offrir un tête-à-tête tranquille à la gloire du couple mais ça fait de sacrés souvenirs, ce qui en cette époque cynique vaut quand même son pesant de cacahuètes.

Mais attention, on a beau lire partout « au secours » ou « bravo » le mariage revient, l'ampleur du phénomène ne décoifferait même pas Mgr Lefèvre.

En vingt ans, le nombre de couples se foutant éperdument de l'église ou de l'état civil est passé de 300 000 à plus d'un million, tandis qu'on enregistrait 150 000 mariages de moins au cours des quinze dernières années. La mode et les statistiques ne parlent pas la même langue. « Ce qui se fait », c'est-à-dire ce qui est au goût du jour pour la poignée d'électrocutés parisiens toujours angoissés à l'idée d'être en retard d'une vogue, n'est pas forcément « ce qui se vit » par une majorité s'exprimant via la voix synthétique et déformée des statistiques. Inutile, donc, de se gargariser avec le grand retour du mariage. Il ne revient pas. Il part moins vite, c'est tout. En 1987 on s'est moins mariés en France qu'en 1986, mais À PEINE MOINS : 0,2 %. Que cet À PEINE MOINS signifie BEAUCOUP PLUS dans le langage média où il faut vendre du changement à tout prix, d'accord, mais on est loin du phénomène social. Peu importe, au fond. Marié/pas marié, est-ce vraiment la question? Il n'y a plus que les politiciens qui se sentent obligés d'exhiber leur épouse.

Le mariage ne garantit pas la durée, le fisc ne l'encourage même plus systématiquement [*voir encadré*] et le record d'épousailles monogames serait, paraît-il, tenu par un ancien pasteur baptiste qui aurait convolé à vingt-sept reprises! On n'y coupera pas, il va falloir se coltiner le QUOTI-DIEN.

Certains y parviennent, secrètement, en douce...

Les gens heureux n'ont pas d'histoire, et le couple c'est exactement le contraire du ciné, de la télé, des affiches et des slogans, c'est l'art du ténu, l'art du « NOUS » dans un monde entièrement axé sur le culte du « JE », l'irracontable en société... On ne fait pas recette en expliquant comment on apprend à accepter l'autre, à évoluer avec lui et grâce à lui, à se découvrir à travers quelqu'un qui vous connaît mieux qu'un psychanalyste au bout de sa septième année d'entretiens hebdomadaires.

DÉCLARATION D'AMOUR OU D'IMPÔT

On ne peut même plus systématiquement évoquer les avantages fiscaux du mariage. Un comble! Que font donc les pouvoirs publics? Il aura fallu attendre les années 80 pour que, dans certains cas, des gens mariés réclament une séparation de corps fictive pour réduire les impôts!

On les comprend : monsieur et madame Bananon gagnent chacun 15 000 francs nets, ils ont deux enfants, ils payent environ 51 000 francs d'impôts sur leurs revenus. Ils ne sont pas mariés, ils paient environ 35 000 francs! Payer 16 000 francs par an pour être un couple officiel, ça peut en décourager quelques-uns.

Il faut dire que le mariage est une vieille institution dont les rhumatismes ont du mal à accepter la complexité de l'amour nouveau. La preuve : si le couple a une allure financière plus « rétro », le mariage l'avantage. Monsieur gagne à lui tout seul 30 000 francs par mois alors que madame reste à la maison pour élever les deux enfants? S'ils sont mariés, ils paieront également 51 000 francs d'impôts sur leurs revenus, mais... s'ils ne sont pas mariés, là, ils ont vraiment mal calculé leur coup, car leur dû annuel sera carrément de 71 000 francs!!

Déclarations d'amour et d'impôts sont étroitement mêlées et, apparemment, les comptables du trésor n'aiment pas les biréacteurs officiels.

Un couple qui marche, c'est un couple qu'on n'a pas peur d'inviter à dîner car on sait qu'ils ne vont pas s'envoyer des piques à la figure toute la soirée, et que l'un ne va pas nous coincer dans la cuisine pour nous raconter des horreurs sur « l'autre ». Un couple heureux, c'est un couple en paix, qui se construit pas à pas, plutôt petite musique de nuit qu'opéra, dont la douceur n'est pas forcément plus ennuyeuse que le désordre de la passion. Mais, pour réussir, il faut y croire, le vouloir et travailler sa partition. « Le couple, c'est du boulot, affirme telle militante du grand amour unique après dix-huit ans de concubinage réussi, ce n'est plus une cellule naturelle, c'est un entretien quotidien... Vous connaissez le principe du bonzaï? » Le bonzaï? Oh là là... Ça va pas être de la tarte!

Heureusement, le duo nouveau est prudent.

Les deux partenaires, persuadés qu'ils feront mieux que les autres, savent malgré tout que ce n'est pas gagné d'avance. Les années 60 et leurs discours pour la mort de la famille, suivies des années 70 avec leurs diatribes pour l'amour libre et multiple, ont vu leur travail achevé par le « réalisme » des années 80. *Dallas* pourra, à ce titre, rester dans les annales avec cette fameuse réplique de Sue Ellen à J.R. son époux devant l'Éternel : « Je me fous que tu baises, pourvu que ce ne soit pas avec moi. » Ce feuilleton qui a passionné la planète pendant quelques années a effacé la disquette fleurie des sentiments peace-and-love et envoyé bouler toutes les illusions. Maintenant, c'est officiel, le couple est une tartine de confiture qui tombe toujours du mauvais côté. Mais les moquettes antitaches existent. Et puis, ma foi, quand on ne peut plus faire avec, on se coupe une autre tartine.

Le « pour la vie » n'a vraiment plus la tête d'autrefois.

On vit trente ans de plus qu'au début du siècle. L'ennemi du couple a toujours été la routine, mais sur des distances pareilles, il est carrément assassin. Partager UNE vie avec la même personne, passe encore, mais PLUSIEURS!?! C'est une des données les plus fortes de l'amour nouveau : vivre plusieurs vies, plusieurs carrières, est aujourd'hui possible et souvent indispensable. On ne peut plus imaginer être le même individu à 25 ans qu'à 60, et l'insécurité professionnelle ainsi que l'évolution rapide de l'environnement, contraignent à des remises en question radicales sur le parcours « travail ». Le couple a-t-il suffisamment de souplesse pour encaisser ces chocs? Peut-il s'offrir le luxe de mobiliser une énergie indispensable à la survie sociale? Et si Bananon est muté à Douala, l'amour sera-t-il assez fort pour que Figuette accepte de plaquer son job à Marseille? Ou inversement?

On change de statut, de milieu, de situation, et... de compagnon comme on change de chaîne télé.

Et l'amour dans tout ça?

Vivre à la carte est intégré dans la vie des sentiments, le « au suivant! » de Brel est pour les futurs conjoints. On ne construit plus LE couple, mais UN couple, pour le temps qu'il tiendra, tout en espérant peu à peu se perfectionner; apprendre avec Porthos comment laisser respirer Athos, pour qui on sèmera des graines dont Aramis récoltera les fruits... Mais ça c'est de l'utopie. Le plus souvent, on recommence exactement les mêmes erreurs, avec le même enthousiasme. Enfin, on a dit qu'on n'allait pas se laisser abattre, on le prouve!

L'important c'est de mettre un maximum de chances de son côté : tout prévoir pour mieux voir venir.

On établit les modalités de la séparation avant même de s'amalgamer, pratique courante aux USA où les contrats de mariage sont si détaillés qu'ils font franchement peur : catéchisme ou pas pour les enfants, fumer ou pas dans la voiture, couette ou couverture, riz ou pâtes, faire l'amour le matin ou pas, fenêtre ouverte ou fermée en hiver, viande ou poisson, centre ville ou banlieue, mer ou montagne, *le Monde* ou *Libé*, la *Une* ou *Canal plus*, le métro ou la seconde voiture, le stérilet ou le troisième enfant, *l'Express* ou *le Nouvel Obs'*, etc. Si on passe le cap de la discussion, ça prouve déjà qu'on est de bonne volonté, et on peut, éventuellement, se « mettre en ménage ». Cette expression prosaïque montre bien l'importance de l'intendance!

Surtout lorsqu'on a décidé de « fonder un foyer », c'est-à-dire d'agrémenter son quotidien de gazouillis de bambins, de repas familiaux, d'ambiance cosy « qu'il fait bon vivre quand on revient chez soi ». Là, ça se complique. Fini le restau tous les soirs, le petit déj' au bistrot, les emplois du temps hybrides et le grand vide du frigo. Il faut passer la vitesse supérieure, se lier l'un à l'autre comme le mixer au fouet à œufs! On parle d'ailleurs d'« arts » ménagers, preuve de la subtilité du matériel nécessaire au couple qui désire se construire un nid. Un mot d'ordre : L'OR-GA-NI-SA-TION.

On garde les engueulades pour des choses « importantes », en collectionnant patiemment les accessoires anti-disputes : lave-vaisselle, micro-ondes, congélo, baby-sitter, robot spécial fête des mères, lave-sèche-linge, le tout diaboliquement agencé par des professionnels de l'ergonomie domestique, inventant des cuisines « intégrées » camouflant les obscénités ménagères sous des ensembles en bois des îles ou en plastique jaune vif. Et youpie pour la cuisinière-qui-cuisine-dans-SA-cuisine en s'imaginant qu'elle est dans un chalet suisse ou dans une capsule spatiale en train de jouer à la dînette avec des poissons carrés, des soupes en poudre et des épinards en boules glacées. Si l'amour nouveau manque parfois de magie, il retrouve un peu d'espoir, au moins quelque temps, dans cette irréalité. Mais, comme disent souvent les hommes : « les femmes ne sont jamais contentes ».

Pourtant elles ne veulent pas grand-chose. Juste un peu d'AT-TEN-TION, un peu de PO-É-SIE borrr-del!! Et que les hommes PENSENT-À-LEUR-AN-NI-VER-SAIRE. Mais ils oublient (« Pas par méchanceté, hein, c'est comme ça. Ça n'empêche pas les sentiments. ») pendant que leurs dulcinées continuent à espérer des gestes, DES PREUVES, et c'est pas l'intention-qui-compte! Dieu qu'elles sont terre à terre!

Par exemple, si Figuette demande à son régulier : « Avec laquelle veux-tu dormir? », en exhibant deux de ses chemises de nuit, elle aime que Bananon lui réponde rageusement : « Avec toi! », au lieu du traditionnel « ça n'a pas d'importance ». Et si elle jette ses deux nuisettes avant de se précipiter sur lui, tout n'est pas fichu dans le couple. Sinon, apparaissent les litanies féminines du genre « tu te rends compte que ça fait... (des lustres)... qu'on n'est pas partis en week-end tous les deux, EN AMOUREUX! »... Très mauvais signe. Les couples capotent souvent sur d'aussi petits détails.

Il ne fait la vaisselle qu'une fois sur 18, c'est pas si grave, il a deux ou trois petites amies, au fond c'est pas dramatique, il ne se relève jamais pour éteindre la lumière oubliée dans l'entrée, on ne va pas faire des salades pour si peu... Mais qu'il n'ait PAS PENSÉ À MON ANNIVERSAIRE!!! Si les hommes étaient plus malins, ils feraient un tout petit effort, « seulement, ils s'en foutent, ils ne sentent rien, ils ne voient rien! ».

Pas tout à fait vrai. Il faut aussi le comprendre, Bananon, parfois il en a marre de se trouver devant une Figuette qui traîne en vieux tee-shirt dans la maison, couve les enfants, soigne leurs menus, leurs bains et leurs devoirs et ne fait plus l'amour qu'avec une oreille dans la chambre des petits. Il voudrait un peu plus de rigolade et d'érotisme, Bananon, quitte à manger des pâtes cinq fois par semaine et à vivre dans le désordre le plus absolu, mais les femmes sont des accros du légume vert et des dérangées du rangement, elles ne savent pas se laisser aller aux douceurs de l'existence. Pourtant, ça pourrait être si simple.

Par exemple, si Figuette se met en mini-jupe le jour du cocktail de l'entreprise de Bananon, si elle exhibe ses jambes de gazelle, son décolleté de soie et son maquillage invisible spécial peau-de-pêche-œil-de-biche, c'est vrai qu'elle est vââââchement bandante! « On devrait sortir plus souvent! »

La ré-énergétisation amoureuse est une fonction essentielle des scènes de la vie sociale : voir le conjoint dans ses vêtements de parade, lire le désir, qu'on a perdu et qui nous manque, dans le regard des autres, est un excellent moyen de réveiller le sien.

Les amoureux peuvent faire la paire longtemps s'ils comprennent que le simple face-à-face n'est pas vivable à l'infini : après avoir connu la grande passion, puis s'être sentis bien à l'abri dans leur nid, loin de la solitude, de la trouille du sida, de la froideur du monde, il faut trouver, pour durer, des auxiliaires, des prolongements : enfants, maison ou appartement à retaper, passion à partager, amis communs, etc. Le couple existe fondamentalement pour engendrer quelque chose d'autre que lui-même, et quand il y parvient, cela peut donner des ailes à son imagination et encourager Bananon à se creuser la tête, après vingt-sept ans de mariage, pour trouver l'idée géniale qui va faire fondre Figuette pour la 9 855e fois depuis qu'ils se connaissent. 9 855 manières de séduire? Waouh!!! Ça, c'est un grand amour.

Paradoxalement, on peut vivre une situation exactement inverse. On n'a pas le grand amour, mais on voudrait le cocon. Le mariage de raison n'est plus à la mode mais, sur le tard, pourquoi pas? On a envie de faire un enfant et on n'a pas trouvé la passion-rime : la gentillesse peut remplacer avantageusement les hauts et bas d'aimer. Ou bien, à force d'être associés dans la même entreprise professionnelle, on a appris à s'estimer, c'est pas si mal. On peut aussi décider de vivre avec son meilleur ami, celui qui nous-connaît-mieux-que-tous-les-amants-qu'on-a-eus, celui avec qui on fait l'amour-sans-amour, mais avec tant de confiance... et en route pour la tendresse!

Cet état de santé sans grand état d'âme est un des états de l'amour nouveau. Le rêve du couple tranquille enfin réalisé. On invente le « chacun pour soi » à l'intérieur du couple. Poussé à l'extrême c'est du grand art.

Il se fait sa blanquette de veau portion unique dans le « micro-ondes » pendant qu'elle se mijote son bourguignon dans la cocotte-minute, et chacun met son assiette et ses couverts dans le lave-vaisselle. La question est : qui va mettre l'anticalcaire? Pour le problème du froid-chaud la nuit, on coud ensemble deux couvertures d'épaisseurs différentes. Chacun peut avoir la température de ses rêves À CONDITION DE NE PAS DÉPASSER de sa partie du lit; d'ailleurs l'Épéda multispire dernier chic permet à l'un de faire des bonds pendant que l'autre dort tranquillement. La question est : de quel côté du lit font-ils l'amour?

Dans ce genre d'unions raisonnables, il est capital que les deux « chacun pour soi » s'avèrent bonne pâte et tolérants. Si l'un se sert de la salle de bains et ne laisse pas d'eau chaude, deux possibilités : soit l'autre se baigne dans l'eau froide sans protester et on dira qu'il a fait des concessions; soit il se venge en mettant de l'arsenic dans la soupe du coupable et on dira qu'il est inflexible. Inutile de préciser que deux individus capables de concessions ont plus de chances de s'entendre que deux inflexibles.

« Faire un couple – disait un mari fidèle – c'est emmener partout son pays avec soi et enrichir son imaginaire, chaque jour, de mille et un détails, pour le faire grandir par strates successives. C'est toujours le même pays mais il contient de plus en plus de choses. » Et illico cent femmes se jettent sur lui en déchirant sa chemise et son pantalon. Un homme qui dit d'aussi belles choses mérite qu'on l'arrache d'urgence à son foyer!

Le couple reste en effet un repère important (83 % des Français considèrent que les gens les plus heureux sont ceux qui vivent en couple) qu'on essaie de plier dans tous les sens pour l'adapter à des désirs contradictoires.

Même les homosexuels s'y mettent.

Si les femmes-entre-elles savent depuis longtemps apprécier les charmes du home-sweet-home (leur discrétion contraste avec les provocations des gays, on sait qui sont les stars homosexuelles masculines mais peu de vedettes féminines revendiquent leur homosexualité), on trouve aujourd'hui de plus en plus de fervents partisans du couple chez les hommes-entre-hommes. Le duo et la fidélité sont devenus des valeurs refuge car le sida ne passe pas par eux. A San Francisco, les couples d'homosexuels bénéficiant de deux salaires masculins (et constituant, par conséquent, la communauté la plus riche), ont réussi, grâce à des campagnes publicitaires de choc, à freiner d'une manière spectaculaire la propagation du virus. Chez ces anciens marginaux, plus question de multiplier les partenaires, et le modèle amoureux se met à ressembler au modèle hétérosexuel.

Cet « assagissement » de la communauté gay

dans la plupart des pays occidentaux n'a pas pour seule origine la peur de la maladie. Il semblerait qu'une fois franchi le stade des revendications et des provocations, on entre dans une phase plus adulte, où le couple joue son rôle normalisateur. D'ailleurs, mieux acceptés dans les grandes villes, les homosexuels peuvent désormais vivre ensemble sans se cacher, et certains réclament même l'officialisation de leurs concubinages. Mais, chez eux aussi, la passion et ses guérillas ont leur mot à dire. Malentendus, jalousie et infidélités font souvent retomber les rêves sur le carrelage de la réalité. Un couple reste un couple, que voulez-vous!

A moins qu'il n'intègre, clandestinement ou non, des partenaires supplémentaires. On l'appelle alors trouple, ou quadrouple, ça dépend du nombre de camarades de jeux. Eh oui! on n'a pas encore inventé de pilule à faire durer le désir.

D'accord, les films de cul balancés à la télé donnent à certains couples le nécessaire coup de pouce pour se sauter dessus une fois de temps en temps, mais ces de-temps-en-temps ne sont pas toujours suffisants, les occasions sont nombreuses, et le monde plein de tentations. Quand on lit : « seulement 16 % des Français et 8 % des Françaises admettent avoir trompé leur conjoint », on est curieux d'avoir des chiffres sur le mensonge.

Aujourd'hui, on se trompe, un peu, beaucoup, mais quand on en arrive à se tromper passionnément, on finit par se séparer. Si 80 % des Français considèrent que l'infidélité est une infraction grave, les couples les plus modernes admettent, au moins théoriquement, qu'on ne peut pas rouler très longtemps sur une autoroute sans s'endormir au volant. Ça n'empêche pas les sentiments, mais ça oblige à rectifier la position.

Remember le fantasme : « Ce qui fait mal, dans la jalousie, c'est le mensonge. Alors tu fais tout ce que tu veux mais tu me dis la vérité... » Encore faut-il être capable de l'entendre sans se jeter par la fenêtre !!! Beaucoup se sont lassés de prendre la vérité en pleine gueule, et la plupart en sont revenus au prudent « je ne veux pas le savoir ». Ils le savent quand même – ces choses-là finissent presque toujours par se savoir – et la jalousie s'est contentée de changer de sapes. C'est l'ère du « comme-si-de-rien ».

Ce stoïcisme, incontestablement plus confortable pour l'infidèle, n'est pas franchement plus doux pour l'infidélisé. Non seulement on a bobo, mais en plus IL NE FAUT PAS QUE ÇA SE VOIE. Double boulot !

On souffre, avec un sourire aux lèvres. On questionne, l'air de rien. On pleure, mais le rimmel est waterproof ou les kleenex ultra-résistants. On se dit que « quelque part (où?) c'est pas grave, ce qui compte, c'est le couple ». La fidélité, c'est autre chose, c'est l'emballage cadeau, la crème fraîche allégée sur le plat de haricots verts, le miel des alpages dans le yaourt nature. Ce n'est plus le sine qua non, et le « si tou mé trompes yé té tou » est bon pour les films de série B. On craque, on prend ou on perd deux kilos, on avale somnifères ou vitamines, on va se plaindre chez celui ou celle qui n'en fera pas une affaire, on couche avec le premier venu ou la première arrivée, et comme c'était SEULEMENT pour se venger, on constate « sur le tas » que c'est pas toujours marrant...

Alors, ma foi, si le couple n'est pas vraiment en danger, on met un urgo aéré sur son gros bobo après s'être assuré que le coup de canif n'était pas un coup de Trafalgar...

Et puis, il n'y a pas de petits profits et bonjour les bénéfices secondaires! Aiguillonné, l'infidélisé se retrouve une vigueur digne des belles heures de la passion et n'en finit pas de prouver que, quand il veut, il est le meilleur. « Non seulement elle me trompe, mais en plus je la saute 5 fois par jour pour la récompenser! C'est pas juste! » Quant à l'épouse trompée, elle file se faire couper les cheveux et épiler les jambes : « Non seulement il me trompe mais en plus c'est moi qui dois faire des efforts pour le séduire! C'est pas juste! »

Et si c'était juste?

Un couple comporte rarement un méchant bourreau et une innocente victime, mais plutôt un inextricable imbroglio d'inattentions et de malentendus entre deux oranges entières qui font ce qu'elles peuvent pour n'en faire qu'une. Il ou elle est allé chercher le bonheur ailleurs, allez savoir si ce n'est pas un peu mérité? « Ne changez pas de partenaire, changez de position », disent les experts des voyages au long cours. Facile à dire... En tout cas, souvent, après le coup de canif, l'effort est fait, et les deux conjoints, lors de ces retrouvailles, se regardent comme peut-être ils avaient oublié de le faire depuis longtemps.

Faut pas en faire une règle de vie non plus! La « ré-énergétisation du désir par l'adultère », une fois, deux fois, OK... On passe, on efface, on met ça dans la boîte à couleuvres et on pose l'oreiller dessus. Mais si ça devient systématique...

Combien de couples ont sous leur oreiller cette boîte bourrée des petits affronts rentrés, prêts à bondir comme un diable à ressort le jour où le couvercle saute? La tolérance, comme on dit, n'a jamais empêché qui que ce soit d'avoir de la mémoire, même les couples-associations qui admettent l'infidélité réciproque DISCRÈTE, dans des limites tracées d'un commun accord :

– *pas avec mes copines (copains),*

– *pas avec mes collègues,*

– *pas avec des gens que nos amis communs connaissent,*

– *pas avec mes concurrents,*

– *pas sans que je sois la première (le premier) à le savoir!*

– *pas avec quelqu'un qui travaille dans le même circuit que moi,*

– pas avec quelqu'un que je pourrais rencontrer un jour. (Le monde est si petit et les gens si méchants!)
– pas avec quelqu'un de débile,
– pas avec quelqu'un de plus intelligent que moi,
– pas sans préservatif.

Le champ d'action est si étroit qu'il n'est pas évident de trouver la fesse sœur pour s'adonner à ce qui ressemble, au bout du compte, aux 5 à 7 d'antan. Du coup, on est infidèle mais avec une EXTRÊME PRUDENCE et sans donner la moindre prise à la maîtresse ou l'amant :

– pas de numéro de téléphone,
– pas d'adresse privée,
– pas de faux espoir,
– pas de confiance,
– pas d'émotion, surtout.

(On se demande comment ils arrivent à trouver des partenaires consentants, et gratuits.)

Quand les règlements sont trop nombreux le couple tourne au fonctionnariat amoureux, on bâille ensemble... VITE, DE L'AIR!

Si on essayait le changement de génération?

D'abord, les hommes mûrs, libres et séduisants, c'est rare. La plupart sont casés, se laissent aller façon bedaine-et-peau-de-fumeur, ou manifestent un intérêt très vif pour les nymphettes qui les rassurent-sur-leur-virilité... Tandis que les femmes... d'accord elles accusent la ride dès quarante ans, mais elles se « tiennent » et s'entretiennent! Appétit de vivre, gym et régime font leur effet : « Oh madame, on croirait jamais que vous avez 45 ans!!! »

Le compliment fait mouche, le jeune homme est sympa, pas con, les pieds sur terre. Il va au ciné, au théâtre, au concert, ce qu'on ne fait plus depuis longtemps. Il est grand, beau, on adore son blue-jean destroy et son gros pull framboise. Pourquoi ne pas accepter d'aller voir avec lui le dernier « non-sense » anglais?

La nouveauté c'est qu'il ne s'agit pas de perpétuer une tradition séculaire en initiant discrètement le fils aîné d'une amie, mais de vivre au grand jour une véritable histoire d'amour en affrontant plaisanteries stupides et réflexions ras-du-sol. Il faut dire que ça vaut le coup! Grâce à Antoine, on retrouve enfin la pêche. On traîne dans des mauvais lieux, on se saute avant ET après le petit déjeuner, et on refait le monde jusqu'à cinq heures du matin! Ça au moins c'est la vie! Alors, après avoir « tout-appris-des-hommes », et s'être fait « pygmalionniser » une bonne dizaine de fois, on découvre les joies de l'initiation. C'est bon de donner à quelqu'un qu'on aime les clés pour se construire. Il ne restera pas? Il est trop jeune? Ça ne durera pas?

Et avec les plus vieux, ça a duré!?

Et l'amour dans tout ça?

D'abord, on ne l'a même pas fait exprès.

Au début, on a cru que c'était une bluette. Et puis... à force de s'amuser, on y a pris goût, et dès qu'on a fini de bosser, on se remaquille et on retrouve Antoine qui nous attend dans sa voiture. Il se jette sur nous. Le tailleur est tout chiffonné. Il conduit façon attentat à la pudeur, on arrive au resto avec les cheveux dans tous les sens, la vie est belle, on a 15 ans 1/2, on commande tout ce qu'on aime, on est trop bien pour chipoter... Quand tout à coup qu'est-ce qu'on aperçoit? Notre quinquagénaire d'ancien Jules qui nous observe. Mon Dieu qu'il est chauve celui-là! On voit son expression figée. Il n'en revient pas, il opine du bonnet : « Je savais bien qu'elle finirait comme ça. » Comme ça, quoi!?! Si, en plus, le maître d'hôtel pose l'addition devant nous en faisant un clin d'œil coquin, on drope en pleine parano. Pourquoi À-NOUS et pas à Antoine? La soirée est foutue, et quand on arrive dans la rue où habite le beau jeune homme, on cale. « Non, je ne monte pas, j'ai pas envie! »

Heureusement, Antoine est têtu. Ce que les gens pensent, il s'en fout. Il ne se prend pas la tête avec des ragots de « beaufs ». Il insiste. Il nous fait des baisers hollywoodiens en demandant la cohabitation. On finit par se laisser convaincre, on accepte de vivre avec lui, et on fait tout pour oublier cette étrange sensation de la rombière et du gigolo... On voit le positif de la situation : après tout, c'est bon d'impressionner par son expérience, son boulot, ses sous. LES FEMMES AUSSI AIMENT BIEN ÊTRE « RASSURÉES SUR LEUR VIRILITÉ »! Et puis quel régal d'avoir un amoureux disponible qui ne nous demande pas de recevoir son « chef » en grande pompe ou de jeter un œil sur sa compta!

Parce que la compta! JUSQUE-LÀ!

Pour Jules on faisait secrétaire, assistante, agent de marketing, et ça ne nous avait pas empêchée d'être cocue! Les épouses ou les concubines savent tellement bien se glisser dans les chaussures sociales de leur mari, comme si des circuits ataviques les obligeaient à nourrir la relation amoureuse. Les femmes travaillant à plein rendement se sentent coupables de ne pas en faire suffisamment pour leur homme et ont tendance à minimiser leur réussite : « Oui ça marche pour moi, mais c'est tellement moins intéressant que ce qu'il fait... » Ou alors : « Sans lui je ne serais rien, il m'a tellement aidée, c'est lui qui a eu la bonne idée de... » Ces excès de précaution se comprennent. La pression sociale n'oublie pas d'être bête sur ce point-là : la grossièreté avec laquelle certains médisent de cette inversion des relations indique peut-être l'intensité de la jalousie que ces amours soulèvent : « porte-valise », « larbin », « phagocyté », entend-on dire trop souvent des hommes plus discrets que leurs compagnes. Pourtant on dit « le mec de... » comme on disait « la nana de... », en sachant que personne n'est à personne. La preuve : le mec de...

quitte sa superwoman pour une autre, moins riche ou moins brillante, en tout cas « plus les deux à la fois », qui lui rendra confiance en lui.

C'est absurde, c'est comme ça, et voilà!

Les champions de l'absurde, à moins que ce ne soit de la cohérence, sont les couples qui, après avoir traversé toutes les étapes émotionnelles et juridiques d'un vrai divorce, se retrouvent quelques années plus tard et retombent amoureux. « Bon Dieu mais c'est bien sûr! C'était lui le meilleur! », et hop : REMETTEZ-MOI ÇA!

Dans ce grouillement d'adultes orphelins de la sécurité et de la confiance, dans ces croisements d'oiseaux de passages aux ailes plus ou moins brûlées, les amours « Remettez-Moi-Ça » sont infiniment rassurantes, avec leur petit air de rétablir la justice de l'univers. C'est comme rentrer chez papa/maman après la première journée d'école maternelle.

On s'était trompé, on s'est quitté pour des bêtises, maintenant on le sait, on a pleuré assez fort et couché avec un assez grand nombre d'« approximations sympathiques », pour mesurer à quel point cette personne qu'on retrouve nous est précieuse. Et par une inversion admirable des valeurs, les « raisons » de la séparation d'antan deviennent autant de « raisons » de se remettre ensemble. Cette fois on ne retombera pas dans les mêmes pièges, vu qu'ON LES CONNAÎT PAR CŒUR! Le voilà l'amour-toujours auquel on ne croyait plus, c'est lui! Qu'est-ce qu'on a été bête de ne pas le deviner plus tôt! On fait l'amour, on retrouve tout, odeurs et grains de beauté, on connaît le paysage. C'est le parfum de la vieille maison de vacances, la certitude qu'on n'a pas vieilli et qu'on a suspendu le fameux vol du temps, bouclé sur lui-même dans un somptueux mouvement perpétuel : on a réussi à faire du neuf avec du vieux... jusqu'à la prochaine rupture!

Parlons-en des ruptures.

A amours nouvelles, ruptures nouvelles et leur apéritif quasiment obligatoire : le syndrome du « IL FAUT QU'ON PARLE ». A croire qu'on ne commence à se parler que lorsqu'on envisage de se séparer! Si le « convoqué à parler » ne s'endort pas dès la deuxième question, c'est qu'il y a de l'espoir et que la « force à dormir » (légendairement puissante chez la plupart des hommes, beaucoup de femmes l'ont constaté) [*voir encadré*] n'a pas encore tout emporté.

On peut alors pratiquer ce rite inaugural de la rupture plusieurs fois, avec ou sans cris. L'accélération des convocations « il faut qu'on parle » indique une séparation proche, difficile à éviter. Pour reculer l'échéance, les « rompeurs » novices tentent bien le célèbre « on se prend des vacances pour réfléchir » mais, en cas de crise sérieuse, les fausses ruptures n'ont pas « l'efficacité K7 cleaner » des vraies. On n'y croit pas assez pour se remettre en question. A peine revenu, RE : « Y faut qu'on parle... »

LA FORCE A DORMIR

Elle est en pleine forme, elle parle. L'homme tente de s'intéresser à la conversation mais son état est critique.

Endormissement force 1 : *Le sujet a le regard fixé sur la ligne d'horizon. Aucun mot ne semble pénétrer à l'intérieur d'un esprit, entièrement occupé à donner, au type qui dort déjà, l'apparence d'un type qui ne dort pas. A ce stade de l'endormissement, l'homme est encore souriant.*

Force 2 : *C'est pareil, mais le sourire s'est affaissé. La mâchoire pend un peu.*

Force 3 : *La mâchoire supérieure tombe sur la mâchoire inférieure en fermant la bouche du futur dormeur. Cette modification de l'équilibre produit l'inclinaison de la tête vers le bas. Seul l'œil parvient à rester dirigé vers la partenaire.*

Force 4 : *Un avant-bras, muni d'une main à l'une des extrémités, vient soutenir la tête pour empêcher le roulé-boulé du corps, entraîné vers l'avant.*

Force 5 : *Alarme!!! les grands dorsaux ne répondent plus, le sujet s'allonge irrépressiblement. Il a encore les yeux ouverts, mais sa respiration se fait plus bruyante.*

Force 6 : *On peut encore obtenir l'ouverture des paupières par contact un peu pressant sur n'importe quelle surface du corps, à condition de prononcer en même temps les mots suivants : « il y a une femme nue chez les voisins d'en face ».*

Force 7 : *La respiration a pris le rythme du marteau piqueur, le lit est agité de tremblement par les ronflements du sujet. L'homme a adopté une position telle que sa partenaire n'a plus de place dans son propre lit. Il est tellement lourd et dormant qu'on ne peut même pas lui soulever un bras.*

A ce stade : *Réflexe zéro. Réponse à la sollicitation génitale zéro.*

On ne peut quand même pas passer son temps à se parler!

Comme disent les anciens : « Il n'y a pas de belles ruptures. »

Il y en a de moins moches, quand même! Légalement déjà, on n'est plus obligé de s'envoyer des lettres d'insultes ou de demander à des copains de faire semblant de coucher avec nous pour avoir un constat d'adultère : le divorce par consentement mutuel existe (en France actuellement, plus de la moitié des couples y ont recours). On est d'accord sur le fait qu'on n'est pas d'accord! On se sépare poliment, comme des grands. Le « c'est plus possible » n'est pas forcément assorti de haine ou de mépris. Et moins les griefs sont lourds, plus ça fait mal : se séparer de quelqu'un qu'on aime tellement pour la seule et dérisoire raison qu'on n'est plus « amoureux » de lui, il n'y a vraiment rien de plus triste.

Qui inventera l'Adieu-Mode-D'emploi?

Les adieux ne laissent plus que des traces provisoires de fond de teint sur écouteur téléphonique. La génération du Kleenex rend les adieux de gare plutôt crades. Heureusement, les adieux administratifs avec « qui garde le chat? Je prends le magnétoscope, merde t'as déjà la télé, c'est moi qui ai payé la caution de l'appart'! » et autres joyeusetés, n'ont pas perdu leur charme. Casse-tête du partage, surtout avec les enfants qui se coupent de plus en plus en deux, une semaine chez papa, une semaine chez maman, ou trois jours par semaine chez l'un puis chez l'autre, obligeant les parents à transformer leurs adieux en au-revoirs quasi hebdomadaires. Quel romantisme!

Si on est sentimental et sans enfants, on peut essayer les Adieux « IN PECTORE » (en français prononcez : POUMONS NEUFS), on regarde une ultime fois l'objet de ses adieux, on inspire largement en mesurant la joie de ne plus l'avoir entre les pupilles, et on met les gaz à fond (il faut avoir une grosse moto). Si on n'a pas de moto mais des enfants, on peut « solidifier » avec son ex...

Recasés, on continue à se téléphoner tous les jours, on s'invite à dîner deux ou trois fois par semaine « pour les enfants », on fait même l'amour ensemble, de temps en temps, et sans le dire aux nouveaux conjoints « Faire l'amour avec un ex ça compte pas comme tromper ». Pour qui essaie d'aimer ces faux jetons de la rupture, c'est l'enfer. De toute façon, ils n'arrêtent pas de le répéter : « Le couple ça ne peut pas durer, la preuve, même avec mon mari que j'aime tellement (tu ne peux pas dire le contraire), ça n'a pas marché!! » Alors rompons!

Le problème au fond, c'est que les couples d'aujourd'hui ne se contentent plus d'approximatif.

Avant, au moins, quand on commençait à s'ennuyer avec quelqu'un qu'on avait aimé, on SAVAIT, grâce aux liens-sacrés-du-mariage, qu'on pourrait continuer à le faire toute la vie, jusqu'au bout, en toute quiétude, tous les jours. C'était une perspective chiante, mais assez rassurante somme toute pour les non-passionnés-d'aventures à qui ça laissait l'esprit libre pour le « reste ». Maintenant, la solitude à deux, pour quoi faire? Plus d'acharnement thérapeutique : on lève le pied dès qu'on a fini de le prendre.

Et un célibataire de plus! UN!

Une île supplémentaire dans cet archipel d'états indépendants qui moutonne, morcelle et mosaïque le paysage amoureux d'aujourd'hui.

L'HORLOGE DU SIÈCLE

Dans l'horloge du siècle, les femmes sont les minutes, et les hommes les heures. Elles ont fait le tour complet du cadran et les hommes ont à peine bougé.

Ce qu'elles ont tant voulu est en passe d'être accompli. L'égalité des salaires, des responsabilités et des travaux ménagers fait (très) poussivement son chemin.

Tout va bien alors? Pas si sûr... Car les femmes continuent à être infiniment plus préoccupées des hommes qu'ils ne semblent préoccupés d'elles : « Et qu'est-ce que tu crois qu'il a voulu dire quand il a dit qu'il n'a pas dit ce qu'on avait dit qu'il... ? » Et pendant ce temps, celui qui n'avait peut-être pas voulu dire grand-chose, cause boulot avec ses copains. On appelle ça la continuité dans le changement!

Que faire, que faire, señorita?

On imagine difficilement une manif de femmes exigeant que leurs amants accordent plus d'importance à l'amour et à son quotidien?

Ainsi, par cercles concentriques, les femmes sont arrivées à l'irréductible de l'homme, l'indéniable différence. Après l'avoir tant refusé, elles commencent à admettre qu'elles ne peuvent le convaincre d'épouser totalement leur façon de sentir et d'aimer, et se résolvent à accepter l'incompréhensible. Celle qui ne comprend pas et celui qui n'est pas compris se croisent sur certains terrains mais renoncent à se superposer sur beaucoup d'autres. Cela n'empêche pas les sentiments, au contraire, c'est peut-être le début d'une réalité.

Encore dix ans pour que l'horloge du siècle passe sur le 21. Tous les espoirs sont permis.

Célibataires : l'archipel des états indépendants

Le célibataire peut manger de l'échalote au petit déjeuner, garder ses chaussures pour dormir, partir à Arras ou à Laroche-Migennes sans demander l'autorisation à qui que ce soit, et ce n'est pas à cause de « l'autre » qu'il a une crise de foie, un découvert à la banque, ou qu'il s'emmerde dans un lit. Il est un État indépendant à lui tout seul, avec son niveau de développement, sa tendance à l'impérialisme ou au libre-échange, ses forces armées, ses lois, son désir plus ou moins avouable de créer un marché commun affectif, et surtout SON TERRITOIRE à défendre, avec des douaniers pas toujours psychanalysés. Sans le savoir, il représente probablement le phénomène social le plus important de notre époque.

D'ores et déjà plus d'un tiers des Parisiens vivent seuls. On mesure encore mal l'ampleur de cette balkanisation des états civils qui concerne surtout les hommes en milieu rural (51 %) et les femmes dans les grandes villes.

Les nouveaux singles sont loin des anciennes

images qui les représentaient vieux garçons, vieilles filles, noceurs ou radoteurs. Ils sont bien trop nombreux désormais pour entrer dans un si grossier catalogue.

42 % des hommes et 45 % des femmes actuellement en âge de se marier ne graveront pas leur nom au bas d'un parchemin (en France aujourd'hui, 10,1 millions de femmes seules, pour 8,3 millions d'hommes). On trouve parmi eux des « frénétiques », qui volettent de fleur en fleur (ou de tige en tige pour les femmes), des « vertueux » qui se prennent pour une bouteille de Bordeaux et se réservent pour la grande rencontre, et des « brouilleurs de pistes » qui ont leur régulier ou leur régulière depuis des années en continuant à faire appart' à part, alors qu'ils sont beaucoup plus mariés que de nombreux mariés et beaucoup moins libres que de nombreux concubins officiels.

Le célibataire est souvent fier de sa modernité individualiste. Il pense « vivre avec son temps » et « aller dans le sens de l'histoire ». Au point et autonome, il laisse les « demi-portions » se déguiser en moitié, et qu'il soit frénétique, vertueux ou brouilleur de piste, il dit infiniment moins de mal de sa situation que les mariés n'en disent du mariage et il n'a pas à sa disposition un éventail d'histoires vaudevillesques évoquant les tourments de sa situation. Cette pauvreté du répertoire vient-elle de la nouveauté du genre, l'enfer du célibat n'ayant pas eu le temps d'acquérir ses lettres de noblesse au même titre que l'enfer conjugal? Ou un célibat foireux serait-il, somme toute, moins foireux qu'un couple foireux? Qui donnera l'échelle de mesure du foireux en amour?

Les grandes cités, peut-être, qui font d'excellentes briseuses de ménage! En treize ans, le nombre de célibataires a augmenté de presque 50 % en France, grâce à la formidable « scissiparité des couples ». On le sait, la sécurité n'est plus dans l'amour, elle est dans nos pénates!

La moitié des appartements parisiens sont occupés par ceux que les statisticiens appellent avec leur élégance coutumière « Monoménages » : en termes clairs, des célibataires ou des divorcés, avec ou sans enfant, qui se débrouillent comme-des-grands. C'est pas forcément le pied mais pas non plus le pire : tout seul on divorce quand même moins et il faut être assez schizo pour s'engueuler soi-même. Entre ceux qui pressent le tube de dentifrice par le bas et ceux qui le pressent par le milieu, plus de problèmes. Et puis, c'est reposant. Après deux ou trois ruptures, un coup « ouf », un coup « aïe », on a décidé de RÉ-FLÉ-CHIR avant de tout mettre en commun, et d'OB-SER-VER l'autre avant de s'engager.

Au début on s'étonne d'avoir, pour la première fois, un break entre deux passions. Mais on choisit de raisonner raisonnablement : l'amour prend du temps, la vie commune aussi, on a perdu de vue ses amis, on va en PRO-FI-TER... Dormir en travers du lit ou en étoile de mer, lire jusqu'à quat' du mat', manger à n'importe quelle heure, c'est booooooon, et ça aide à digérer un chagrin d'amour dont on sait, parce que ce n'est pas le premier, qu'il finira par s'estomper...

Le célibat commence souvent comme une parenthèse qui s'étire d'une manière imprévisible jusqu'à occuper tout le terrain, s'installant dans la vie des individus les moins prédisposés, et il faut parfois plusieurs mois, ou plusieurs années, pour comprendre qu'on est devenu un « vrai célibataire ».

Alors seulement on s'organise : musées, cinés, sorties, sport... En « single » on se bouge, de peur de sécher sur pied et plus le cœur est stationnaire, plus le niveau culturel monte. C'est gai, c'est triste? Bah, beuh, bof... C'est « ça dépend »... De quoi? Ça se discute, mais au moins on est libres et on n'a « besoin » de personne, même s'il arrive qu'on ait envie de quelqu'un.

« N'empêche qu'on aimerait bien tomber amoureux », susurre le secret refrain des célibataires de tous styles. Mais attendre le big love en filant la laine c'est dans les contes de fées et, pour dénicher le diamant vert, il faut le mériter un peu. Alors, on fait des rencontres, on se jette à l'eau, et quand on est refait, après avoir été défait, on se refait comme on peut.

Certains s'essoufflent en route et préfèrent guetter leur chance sous leur grand sombrero, et d'autres continuent, bravant les intérims, les dérapages, les faux-semblants, faisant preuve d'un sérieux courage émotionnel : rejouer ses cartes à intervalles réguliers, engager plusieurs parties en même temps en espérant la belle ou le beau, ou se réveiller tous les matins avec la nécessité de se procurer le minimum sensible indispensable, c'est un métier à plein temps. Sans compter qu'il faut faire gaffe au sida, mettre un préservatif sur le cheveu d'ange... ou ne pas oser le mettre et s'en mordre les doigts.

Qui échangerait la possibilité de lire trois bons livres contre un week-end gorgé d'amour?

En théorie tout le monde, en pratique seulement les casse-cou. L'amour, ça fout le vertige quand la fin fait partie du jeu, mais pour les intrépides qui veulent quand même leur poussière d'étoiles, c'est toujours la saison des voyages.

Pour bien profiter de ses escapades, il faut d'abord planter sa tente, enfoncer son piton dans la falaise : investir dans la pierre! Excellente idée : l'amour est précaire et les valeurs immobilières en hausse. On a usé ses chaussures pour trouver l'affaire-en-or, à vendre ou à louer, puis on s'est fait son chez-soi-à-soi digne d'un roi, un palais, modeste ou pas, même de 25 m^2; du « comme on veut », assorti à la couleur de ses manies, paré des charmes qu'on aimerait avoir... On l'aime, on y est en sécurité, il est un vieux mari fidèle et tolérant, à qui on peut tout faire, même le tromper avec un humain!

Commence alors le nomadisme citadin des amants ambulants, traînant partout leur « lovy-bag » bourré des choses indispensables pour passer la nuit chez l'autre : affaires de toilette, vêtements de rechange, bip du répondeur à distance, dossier indispensable pour les rendez-vous du lendemain, le minimum vital, quoi! C'est fatigant, trrrès fatigant.

Bien sûr on se facilite quand même les choses : Lola Nomade garde dans un tiroir rasoirs et after-shave adaptés à toutes les peaux. De son côté, l'Homme Bleu a chez lui un lait de toilette passe-partout. De campement en campement, cette caravane tient la route dans une équitable alternance des déplacements. Un coup chez l'un, un coup chez l'autre, jusqu'à ce que l'autre ou l'un soit fatigué de traverser Paris avec son baluchon. Ça donne des histoires à l'envers qui peuvent durer plusieurs années : au début on se déplace beaucoup, un peu moins ensuite, tout en se téléphonant un peu plus, et enfin on oublie, soit par épuisement réciproque, soit parce qu'on a trouvé plus commode. L'habitude joue des tours même aux champions de l'inconfort, ça aussi on le sait, et chacun retourne à une case départ qu'il n'avait jamais tout à fait quittée.

N'empêche qu'on aimerait bien tomber amoureux.

Alors on visite du pays.

On n'a pas rencontré « celui qui serait à lui tout

seul tous les continents »? Pas grave. On choisit la navigation multipiste! « Wolfgang a toujours le cafard mais je n'ai jamais rencontré un type parlant aussi bien de Venise, où on n'a pas eu le temps d'aller parce qu'impossible de laisser tomber Lindberg qui est vraiment si gentil, dommage qu'il ne fasse pas l'amour comme Siegfried. Ah Siegfried, s'il avait le cœur de Lindberg, je crois que je quitterais Wolfgang. Encore qu'il ne le mérite pas, il a vraiment assuré quand je flippais... Merde j'ai oublié la bague qu'il m'a donnée chez Beethoven! »

Ces tentatives à répétition ont du bon. On se ressource, on se refait une curiosité, on entend des voix différentes parler de passions différentes, on vole à chacun un élément du puzzle qui nous constituera. L'intimité amoureuse est le prétexte le plus agréable à l'enrichissement culturel.

Mais parfois tout s'emballe, la multiplication des amants, des appartements, des rôles à jouer, des engagements à tenir, des zones d'ombre à préserver, rend fou : Paris devient une toile d'araignée qu'on parcourt à l'infini, d'un lit à l'autre, et jamais dans le sien. Ça n'a rien de pervers, c'est de la survie, une méthode comme une autre pour se procurer le SMIC amoureux. C'est la balade aux quatre vents des petits matelots solitaires qui espèrent le grand appel d'air, et ne le trouvent jamais assez somptueux pour renoncer aux alizés. Fallait-il lâcher Wolfgang et Lindberg pour « essayer vraiment » (on n'ose même pas dire « réussir ») avec Siegfried? On a l'impression d'être dans le tambour d'une machine à laver programme bouillu-foutu-double essorage, toujours en retard d'un temps sur sa vie, jusqu'au jour où on n'en peut plus du cabotage. On voudrait se mettre au frigo compartiment congélo, attendre en « sleeping beauty » un prince charmant qui rappliquerait, chevauchant son four à chaleur tournante. Mais il est dans sa propre chambre froide, entre la glace vanille et le poulet au citron. Tant de monde dans la danse, et pas un pour donner à l'autre son chocolat quotidien! Alors on rentre chez soi et on décide de changer les rideaux, histoire de les tirer sur cet imbroglio.

De périodes creuses en rendez-vous manqués, l'appartement, de plus en plus beau, vient d'être repeint pour la 5e fois : période rose du danseur de Charleston, bleue du garagiste, verte du footballeur, rouge-toréador, jaune-mystique, et si on essayait tout blanc? Mais les murs ne bougent pas, et on finit par connaître tellement ce témoin à la mémoire longue, qu'il trouble le nouveau tête-à-tête avec Marathon Man.

Comment faire du neuf avec un tout neuf quand, depuis quinze ans, on dort sur le matelas de la première épouse de son premier amant?

« On va chez toi, ou chez moi?

– C'est comme tu veux.

– Chez toi?

– J'aimerais mieux chez toi, chez moi, c'est pas... enfin tu sais...

– Mais euh... c'est-à-dire que chez moi, elles sont toutes venues, alors tu comprends...

– Chez moi aussi, ils sont venus...

– On va à l'hôtel? »

Avec deux appartements, faut pas déconner! On est libres, majeurs, vaccinés (contre la grippe) et on ne va pas se laisser troubler par des détails pratiques sous prétexte qu'on n'a pas envie de voir ce nouvel homme marcher dans les pas des anciens... Pas d'hôtel! « Si on se prenait plutôt un petit week-end? Attends je regarde dans mon carnet... Le prochain, je peux pas, celui d'après, non cette fois c'est moi qui... » Dites, l'amour, ça a été inventé pour emmerder le monde, ou quoi?

Cette fois, on a bien failli tomber amoureux, mais chacun est rentré chez son appartement. Tant pis, ça nous servira de leçon : on va se construire une loggia, toute petite parce qu'on n'a pas la hauteur sous plafond.

Maintenant on a vraiment tout-ce-qu'il-faut chez soi sauf... soi-même, vu qu'on a rencontré un type, chez qui on est toujours fourrée. On a même eu le droit d'y laisser une brosse à cheveux, « Si, j'te jure, c'est lui qui m'l'a proposé! » Mais comme on est autonome, on garde son appartement-alibi, en payant scrupuleusement loyer, femme de ménage, chauffage et charges d'un endroit où l'on ne met presque plus les pieds. Deux appartements, deux voitures...

La crise? Quelle criiise?

ON SE CROIRAIT DANS UN FILM DE PUB

Elles sont belles, elles gagnent bien leur vie, elles ont un boulot qui les intéresse.

Elles sont hyper bien sapées, elles sentent bon le sable chaud, elles assurent aussi bien que les AGF.

Elles sont intelligentes, elles ont du talent, elles ne sont même pas coincées, au contraire, elles adorent batifoler...

ET ELLES N'ONT PAS D'AMANTS.

Les hommes ont beau avoir la gentillesse de se dévouer pour plusieurs partenaires, leur générosité ne suffit pas.

Faut dire que les femmes sont difficiles quand elles savent ce qu'elles valent. A vivre mal avec quelqu'un, elles préfèrent encore vivre seules et sont souvent moins arrangeantes après l'avoir été un peu trop...

Sans compter, pas folles les abeilles, qu'elles bétonnent leur avenir : « Touche pas à mon travail. » Trop peur, quand elles auront 60 ans, de se faire larguer pour une jeunesse par Aladin. Les hommes passent, le travail reste, sagesse de femme moderne.

Et puis si, dans les enquêtes, la plupart des hommes prétendent qu'ils sont « prêts à gagner moins d'argent que leur femme », dans la vie, c'est loin d'être le même topo.

De toutes façons, elles leur font peur, car avec leur manie de vouloir tout plier à leur désir, elles sont capables de persécuter un grand brun très sportif jusqu'à ce qu'il s'intéresse à Jankélévitch.

Trop d'hommes, enfin, se souviennent de cette phrase imbécile d'un très grand poète : « Il faut être homosexuel pour aimer une femme intelligente. »

Celle des speederies citadines de l'horizon 92 qui ont recoiffé les anciens de Katmandou! Bien décidés à rattraper, en faisant des heures sup', toutes celles qu'ils ont passées autrefois à flirter avec des partenaires même pas vêtus, ils font leurs 18 heures dans la bonne humeur. Beaucoup se sont transformés en célibataires bon teint et en travailleurs premier choix. Eh oui, il y a beaucoup de beau linge [*voir encadré*] dans le célibat nouveau. Plus de 50 % des singles sont des cadres ou des artistes. Promotion, mission... Le soliste se démène pour grimper dans la hiérarchie, il bichonne son boulot qui le passionne, d'autant plus qu'il a besoin d'argent : « Je ne peux compter sur personne pour assurer mes vieux jours, et si je me casse une patte, personne ne subviendra à mes besoins pendant que je serai dans le plâtre... »

Mais il arrive qu'au milieu de sa course à la performance, l'acharné du boulot attrape au lasso un camarade de jeu atteint du même type de jobardise que lui. Commence alors une drôle de relation.

On se voit peu, mais on s'aime, on se téléphone régulièrement pour se le rappeler au cas où, depuis qu'on s'est pas vus, on l'aurait oublié. Et puis, de temps en temps, on accourt, on se jette dans les bras l'un de l'autre, on se félicite de s'être si-bien-mais-très-provisoirement-trouvés (ne jamais oublier la rassurante assurance sur le provisoire), on fait l'amour, on est les meilleurs du monde...

Mais le premier bâillement a une gueule de tocsin. Trois heures du mat'. Rester dormir? T'es dingue, avec le boulot que j'ai! Mieux vaut être à pied d'œuvre le lendemain matin. Alors, on se retraverse la grande ville avec son petit baluchon. Après, on partira en vacances ensemble. A-PRÈS. L'amour nomade made in 90 c'est le triomphe de l'après... Plus tard. Toujours plus tard. Jusqu'à ce qu'il soit trop tard.

Bien sûr tout n'est pas aussi noir. Parfois, le nomadisme a du bon, et l'amour nouveau ses chanceux. On alterne les plaisirs et les lieux. Elle habite en banlieue, il habite à Paris, elle est libre le mercredi, lui le samedi, et tous les deux le dimanche. Ils s'offrent les sorties parisiennes en milieu de semaine, quand elle vient chez lui, et la chaise longue dans le jardin pendant le weekend. Ils sont toujours un peu en vacances, de passage chez l'autre, ou tout seul chez eux.

Réussir un couple de célibataires peut être un must. Mais la plupart du temps, les voyages, s'ils forment la jeunesse, déforment les amours, car le découpage du grand saucisson spatio-temporel en rondelles si fines ne permet que des ébauches d'histoires.

Courage! Pour avoir une chance de dénicher la star de nos superproductions nocturnes, surtout ne pas se laisser aller! Les « Ah, c'que t'es moche à regarder », « comme ça tu ressembles à ta mère », c'est pour les mariés pliés-repassés. Pas pour les individus glorieux et monosyllabiques. Alors on fait gaffe. Les glaces des salles de bains n'ont pas les yeux de l'amour. Les rides ne les attendrissent pas, les cernes ne les font pas bander. Apprendre à s'aimer soi-même. Facile à dire! On sait bien qu'il suffit d'une vraie nuit d'amour pour réussir ce qu'une heure de maquillage imite maladroitement. Comment resplendir à l'extérieur quand on est seul à l'intérieur? On sauve les apparences en soignant l'apparence, l'environnement, le look, la déco. Les signaux envoyés par les vêtements, la voiture, l'appartement, sont les seuls portraits que l'on a de soi-même. On se fait du confortable. On achète du chaud parce qu'on manque de chaleur. L'écharpe est en cachemire ou en soie, même quand on n'a pas les moyens. On ne peut pas se priver de tout. Pas de bouches à nourrir, pas d'héritage à construire et on ne fout que soi dans la merde en signant un chèque sans provision. On veut du doux, mais on est devenu dur. On s'est MUSCLÉS, on A une COLONNE VERTÉBRALE, on se tient bien droit, on fait ce qu'on peut, et on S'ORGA-NI-SE.

Les commerciaux ont bien compris que la solitude représentait un marché porteur et ils s'intéressent à ces consommateurs impulsifs qui ont surtout besoin de services improvisés pour gérer l'apparition soudaine et éphémère d'un deuxième larron (petit déjeuner à domicile, courses, ménage...). Un salon annuel est consacré aux célibataires et leur propose du mobilier gain-de-place, des clubs de vacances-singles, des aliments portion-unique, des conseils en retraite, etc.

Mais les monoménages n'ont pas conscience de la force politique qu'ils représentent et ni élus ni partis n'ont encore inventé de discours spécifiques pour eux. Ils vont bientôt devoir y songer. Que se passerait-il, en effet, si tous ces états indépendants, puissants économiquement, s'unissaient pour exiger un certain nombre de commodités en rapport avec la réalité de leur vie? Des garderies pour les monoparents, des appartements adaptés (style résidence-service), des lieux de rencontre et d'accueil, une « carte cerise » dans les transports en commun, des réductions pour toutes les activités culturelles et sportives, le remboursement des préservatifs, le droit de bénéficier de la sécurité sociale de son meilleur ami, 30 % d'abattement sur tous les « frais de séduction » (maquillage, vêtement, draps de soie...) et une fiscalisation plus légère car ils sont de plus gros consommateurs et de moins gros clients des services sociaux...

Sujets de réflexion pour nos futurs politiciens. Les actuels n'ont rien à craindre, car le célibataire est très absorbé. Pas facile de construire une figure cohérente avec les différentes pièces du lego amoureux, et de s'y retrouver devant tous ces sentiments épars à assembler soi-même. On aimerait bien suivre la notice, mais bon sang, c'est du chinois, ce truc-là, il va falloir se débrouiller tout seul!

Comme en physique quantique, on saute, par bonds aléatoires, d'une image à l'autre, sans transition, sans plan de coupe, et le morcellement des histoires permet de préserver ses différents lopins d'amour.

Alain a des mandarines chez lui parce que Bloody Mary est une bouffeuse de mandarines. Il a aussi du lait frais parce que Cacahuète ne boit que ça, mais il le cache quand Iseult, allergique au laitage, débarque. Quand il est seul, il boit du lait en bouffant des mandarines, alors qu'il n'aime ni l'un ni l'autre, et ça le fait sourire... Les surnoms que ses muses lui donnent respectivement sont Prigogyne, Crocodile Dundee et Microprocesseur. C'est dire s'il leur présente des aspects différents de sa personnalité!

C'est l'amour en FLASH, en CLIPS, en KIT, un art où naviguent à l'aise ceux qui savent voir le talent du metteur en scène dans un trente secondes comme dans un long métrage.

Pour ce bonheur-là, il ne faut être ni trop pauvre, ni trop surmené, ni trop vieux, ni trop laid, ni trop jeune. Résultat, les singles les plus rayonnants ont une trentaine d'années. Petits frères et petites sœurs des enfants de Marx et de Coca-Cola, ils savent que les idéaux ne font pas le bonheur. Ils refusent de hiérarchiser sentiments et désirs, et gardent le nez sur des instants successifs qu'ils vivent avec simplicité et bonne humeur.

Mais ça, c'est pour les surdoués. Les autres, les acharnés du « j'finirai bien par le rencontrer » se débrouillent moins bien : l'instant, c'est pas leur truc. L'Amour existe, ils vont le trouver, c'est sûr!

Seulement voilà : comment le reconnaître?

On veut aimer, mais on ne sait même pas à quoi ça ressemble. On ne connaît que des bouts de films, toujours les mêmes : le début et la fin. Quel est le scénario du milieu quotidien? Les couples ont beau prétendre que l'amour, le vrai, le durable, ça n'a rien à voir avec l'état amoureux d'urgence, c'est « autre chose ».... Mais quoi, justement? Même si on a vécu quelques Polaroïds passionnants avec une quantité de gens, on n'a aucune idée de ce qu'est une vie à deux. Le menu du mariage est-il tolérable après l'amour à la carte? Qu'est-ce qu'on se raconte une fois qu'on s'est tout dit? Est-ce qu'on peut lire à côté de quelqu'un avec qui on vit? On est comme un vieux chat de gouttière, plein d'expérience, qui aurait rôdé sur tous les toits mais ne saurait pas qu'un coussin près d'un feu de bois, ça peut aussi faire ronronner. Dira-t-on suffisamment l'effroi de l'escarpin ou du mocassin tressé se trouvant nez à nez avec une charentaise!

L'œil fixé sur le baromètre de la perfection, les furieux de l'absolutisme sont les rois de la danse du balai : ils changent de partenaire dès qu'il ne correspond pas au Grand Amour qu'ils ont pour l'Amour grand A.

S'aimer et se voir régulièrement sans se faire de l'ombre, C'EST PAS ÉVIDENT! Alors on établit des règles précises qui, poussées à l'extrême, tournent à l'autosabotage (l'inconscient est formidable!). On scie la branche sur laquelle on risquerait de s'asseoir, comme ça AUCUN DANGER QU'ON S'ENCROÛTE! C'est l'amour « rien vu, rien dit, rien entendu ». Obéissant aux dix commandements de la morale célibataire, ce code Napoléon de l'aventure varie selon ses inventeurs, mais il est le plus souvent draconien :

Primo : que ce soit bien clair, on n'est pas unis pour-le-meilleur-et-pour-le-pire. D'ailleurs on n'est pas « unis » du tout vu qu'ON N'EST PAS ENSEMBLE. Alors, please, on ne se fait pas le « plan-couple ».

Deuxio : on ne partage pas le meilleur, c'est trop intime, ce serait trop bon et ça ferait trop mal quand ça s'arrêtera. Mieux vaut se donner des coups de marteau sur les doigts tout de suite plutôt que de risquer d'avoir bobo plus tard.

Tertio : pas question de partager le pire! Pour le peu de temps qu'on passe ensemble, il ne manquerait plus qu'on se déverse les poubelles l'un sur l'autre.

Quatrièmement : « on ne se présente pas ses copains! » déjà qu'on n'a pas le temps de se voir, on va pas EN PLUS supporter les autres!

Cinquièmement : « on ne sort pas ensemble », ah, non, ça, ras le bol de sortir, on le fait suffisamment tout seul. D'ailleurs y'a même pas de films à voir qu'on n'a pas vus.

Sixièmement : « on se donne le n° de code de l'immeuble ou la clé de la porte cochère, mais pas celle de l'appartement ». Colossale finesse!

Septièmement : on est prié de ne pas laisser de traces dans la salle de bains, de ne pas croiser la concierge que « ça » ne regarde pas... On passe gentiment son examen et on paie pour les conneries de son prédécesseur. C'est pas juste? Non, c'est pas juste, mais « c'est comme ça! »

Huitièmement : « on n'emmerde pas l'autre pour savoir ce qu'il fait quand on n'est pas là », sous quelle couette il dort, etc. Hé! Faut pas oublier qu'on n'a aucun titre de propriété!

Neuvièmement : « on ne se fait PAS DE SOIRÉES TÉLÉ », c'est bon pour les ramollos! Oh, dis! S'aimer c'est quand même pas regarder ensemble dans-la-même-direction-du-programme!

Dixièmement : « on ne se confie pas au nouveau ». C'est pas ses histoires. Vu le peu de temps qu'on passe avec lui, on ne va pas le bassiner avec ses problèmes qu'on garde généreusement pour ses copains charitables. C'est PAS SES OIGNONS. Un bon célibataire doit toujours garder quelques oignons à soi, au moins un.

Et l'amour dans tout ça?
Même pas le minimum vital!

Parfois, plus le temps passe, plus le coquillage célibataire se sent bien sur son rocher monoplace. Il ferme ses volets : renoncer au célibat serait aussi difficile pour lui que, pour d'autres, se résoudre au divorce. S'accoupler serait se quitter un peu soi-même...

Alors organisant sa tranquillité, il garde quand même quelques « ancien(ne)s » avec qui il peut faire l'amour en toute sécurité parce qu'il NE RISQUE PAS de tomber amoureux. « Depuis le temps qu'on se connaît, ce serait déjà fait... » Ou bien, pour trouver un sens à ce fouillis, un centre à ce morcellement, le célibataire se retrouve un jour tout seul avec... un enfant. Apparaît du coup une nouvelle espèce sur l'écran amoureux d'aujourd'hui, le MONOPARENT, figure extrêmement importante puisqu'on compte à l'heure actuelle en France un million de familles monoparentales (dans 80 % des cas, le parent unique est la mère).

Exit les filles mères sanglotant sur une vertu perdue.

Aujourd'hui, des femmes, de plus en plus nombreuses, surtout parmi celles qui approchent la quarantaine, décident, in extremis, avant de prendre leur retraite procréatrice, de « faire un bébé toute seule ». S'occuper d'un enfant, l'élever, O.K. c'est beaucoup de travail, mais c'est gratifiant. En revanche, il est HORS DE QUESTION de s'occuper EN PLUS de son père! Si on avait trouvé l'autogéré de ses rêves ç'aurait été avec plaisir, mais comme ce messie n'est pas apparu, tant pis!

Et... un enfant de célibataire, un!

Ajoutons à ceux-là les enfants de divorcés qui vivent chez l'un OU chez l'autre de leurs parents (Ah, on ne vous a pas dit? Le célibataire « monoparent » est en augmentation de 42 %). Les hommes ont la garde de l'enfant dans 9,3 % des cas, pour les 90,7 restants, les femmes se débrouillent toutes seules, ce qui, évidemment, ne leur simplifie pas la séduction (« Chut, tu vas réveiller les petits! »), alourdit considérablement leur responsabilité (pas de relais d'autorité), et rend problématiques les questions matérielles (une seule cagnotte pour le temps et l'argent). Mais chaque revers a sa médaille : avec l'enfant, le célibataire obtient souvent l'amour absolu, apparemment dépourvu de sens critique, qu'il n'a jamais pu obtenir d'un adulte.

Il réussit ainsi le tour de force d'être à la fois un célibataire, un couple, une famille et boucle le rêve de ses rêves en réduisant à l'extrême le nombre de participants. Admirable exploit, représentant un des aspects les plus nouveaux des familles d'aujourd'hui.

ROMPRE OU SE FAIRE ROMPRE?

Le pire du pire de la rupture, c'est celle pratiquée par les couples d'amants « chacun chez soi ». Dans cette configuration, pas de déménagement, pas de changement d'adresse, pas de redémarrage à zéro, même pas les mots de la rupture. Le téléphone se tait, et les « accessoires » de l'amour – peignoir, rasoir, guitare achetée « exprès pour l'autre » – se changent doucement en vestiges de l'amour. Mais il n'y a aucune preuve que la séparation est bien réelle. Difficile de passer à une nouvelle initialisation de la disquette :

« Tu comprends, dit Lili, ça fait un mois qu'il n'a pas eu le temps de me voir, je me doute bien qu'il n'en a plus très envie... mais comme il dit qu'il est malade et qu'il a des problèmes, tu te rends compte si c'était vrai? J'ose pas prendre le risque. »

De son côté Paulo applique les vieilles recettes que les hommes balancent aux femmes depuis des millénaires en comptant sur l'usure et la répétition... « C'est pas le moment / travail / fatigué / rhume / criiiise / griiiiippe!!! » Si Lili continue à l'attendre, sûr qu'il va lui faire une pneumonie!

L'homme, qui baigne dans le non-dit comme la truite dans sa rivière, donne souvent à la rupture des sinuosités dignes du grand prix de Monte-Carlo au ralenti.

Tandis que les femmes annoncent tout à trac « il faut qu'on se sépare ». Pour le type sur qui tombe l'information, ça fait peut-être l'effet d'une locomotive reçue en pleine gueule, mais au moins, ça a le mérite d'être clair.

Les femmes rompent tout net, les hommes rompent à petit feu. D'ailleurs la plupart ne rompent pas, ils « se font rompre ».

Familles : les tribus échevelées

En ce temps où les amours durent le temps d'un clip et où les boulots voguent au gré des incertitudes boursières, la famille est devenue l'alliance la plus sûre (seul lieu où se sentent bien et détendus 63 % des Français), et elle dure comme elle n'a jamais duré : les individus qui la composent vivent vieux.

Ce qui n'empêche pas ce long spectacle d'être découpé en séquences courtes, montées ensemble au rythme des changements de casting : « Papa, après avoir quitté maman, a eu un enfant avec Julie, une jeunesse qui a l'âge de mon frère aîné, pendant que maman vit maritalement avec Jules, père de deux jumeaux de mon âge. Tonton, abandonné par sa femme pour une autre, vit " chacun chez soi " avec une ancienne collègue de bureau; mis à la préretraite à 50 ans, il fait son jardin dans la Creuse, alors que Papi, 70 ans, travaille comme un dingue pour une boîte de gestion bénévole, et que Mamie, 65 ans, satisfaisant tardivement sa vocation de brûler les planches, connaît le succès avec une troupe de copines qui fait de la musique sur des cocottes-minute. Quant à Mémé, veuve depuis quinze ans, elle nous envoie des cartes postales de Kuala Lumpur où elle étudie la diététique asiatique et la méditation bouddhique »... Drôle de cocon, au look complètement destroy! Qui peut parler d'une prison?

Baptisés par les sociologues américains « Familles invisibles » (car elles n'apparaissent pas sur les fiches d'état civil), ces legos affectifs sans cesse recomposés abritent 20 % des enfants âgés de moins de 17 ans, soit plus de 600 000 en France. Actuellement, 3 % des enfants ont été témoins du mariage de leurs parents. Et, en France, un enfant sur deux naît de parents célibataires ou divorcés.

La facilité avec laquelle un bouleversement, qui semblait inimaginable à la génération précédente, a été intégré en moins de quinze ans, prouve que l'amour nouveau, changeant, capricieux, a d'ores et déjà transformé les fondements mêmes de l'affection : la famille.

Beaucoup plus que nouveau, l'amour est mutant, car il naît autrement : dans la plupart des cas, l'enfant n'est plus subi, imposé par les lois biologiques ou les impératifs sociaux. Bébé ouvre les yeux dans un contexte totalement différent : il a été désiré pour lui-même.

Il aura fallu que la contraception existe, se

démocratise et se diversifie, pour que l'enfant, une vingtaine d'années après l'avènement de la pilule, devienne tout à fait objet de désir. On ne cherche plus aujourd'hui comment ne pas avoir de petits, mais comment en avoir grâce aux nouveaux prodiges de la science : bébés éprouvettes, mères et même mamies-porteuses (on se demande quels sentiments peuvent habiter le gendre qui a vu sa belle-mère porter son enfant!), fécondations in vitro, adoption...

On est passé du « droit à la contraception » au « droit à la reproduction », de la revendication de la « liberté d'avorter » à celle de la « liberté de procréer », et de la morale religieuse « pas de sexe sans bébé » à celle de « pas de bébé sans sexe ». Dans l'ambiance de paresse générale des pays occidentaux pour assurer leur descendance, la France fait des efforts tout à fait louables : le taux de natalité de 1,81 par femme dans l'Hexagone est le plus élevé d'Europe.

Aujourd'hui, on ne se reproduit pas, on procrée.

On veut un enfant non plus pour avoir un successeur dans la ferme ou l'entreprise, ni même pour souder son couple, mais pour établir une relation d'amour avec un être humain dont on entend faire son chef-d'œuvre [*voir encadré*]. On espère tirer parti des ratages de sa propre éducation : on n'a peut-être pas tout réussi dans la vie, mais on va « réussir son enfant ».

C'EST ÉTUDIÉ POUR

On vit une époque formidable. Certains enfants ont aujourd'hui par le jeu des divorces, remariages et reséparations, ... je pose mon deux et je retiens les intérims et leur smala respective... 20 ascendants! 2 arrière-arrière-grands-parents, 6 arrière-grands-parents, 8 grands-parents, 4 parents! C'est parfaitement possible et on a même vu pire. C'est à eux tout ça? Pas vraiment, au sens biologique de la famille, mais les enfants sont rares, il faut bien qu'ils servent à plusieurs adultes...

Sans compter que les mômes d'aujourd'hui, on les veut performants. Ils seront les adultes du XXIe *siècle et on ne sait pas ce qui les attend (robots, laboratoires spatiaux); mieux vaut plusieurs cerveaux autour d'eux pour parfaire une éducation qui leur donnera des allures de mutants : grands, forts, bien dans leur peau, tout à fait au point physiquement et intellectuellement!*

La multiplication des parents, en fait, c'est étudié pour. *Et si l'Occident traîne la patte pour faire des enfants, c'est une preuve de civilisation et d'intelligence : pour son avenir, il veut de la qualité, pas de la quantité.*

Le bébé, top objet du désir, luxe suprême, jouet de chair et de plaisir, intelligence à forger, aboutissement des rêves personnels, représente un investissement affectif nouveau. Autrefois on partageait son affection entre plusieurs progénitures (les sociologues parlent aujourd'hui de la « raréfaction du troisième enfant » comme d'un phénomène social), et la rigueur de l'éducation imposait des distances, jugées alors « indispensables ». C'était le respect d'abord ! Aujourd'hui la « complicité » fait sauter les barrières.

La publicité, le cinéma savent fournir des images paradisiaques d'un bébé Nirvāna qui ne salit plus, ne pleure plus, a le cerveau d'Einstein et la bouille de Sigourney Weaver à huit mois. Le pouvoir publicitaire du bébé est d'ailleurs tellement fort que le Bureau de Vérification Publicitaire interdit désormais que dans les annonces le bébé touche le produit à promouvoir sauf s'il lui est directement destiné : couches-culottes, petits pots, etc. Plus ils sont rares, plus nos petits sont chers à nos cœurs.

Pourtant, notre société leur fait, images mises à part, assez peu de place. Emmener un enfant au restaurant relève de la provocation et c'est à peine si on ne doit pas lui mettre un bâillon avant de l'entraîner dans les transports en commun. On aime les enfants, mais à condition qu'ils se conduisent comme des adultes, et le parent débutant vit souvent mal le décalage entre le surinvestissement fantasmatique qu'il a fait et un quotidien bouffi par le stress.

Dans ce contexte, raisonnables et lucides sont peut-être ceux qui choisissent de ne pas engendrer. Les « bons élèves » qui ont fait leur devoir géniteur les persécutent beaucoup moins qu'autrefois. « Dommage de se priver de la plus belle expérience de la vie, mais, après tout, c'est son problème. » Cette forme nouvelle d'abstinence consentie, réfléchie, est celle des individus autosuffisants, soucieux d'incarner eux-mêmes un être accompli qu'ils perfectionnent d'expérience en expérience, d'amour en amour, d'introspection en remise en question. Conscients du long travail que nécessite l'éducation d'un enfant indépendant de plus en plus tard, ils pensent que cette mobilisation amoureuse balaierait leurs privilèges.

Pourtant, les parents modernes ne se laissent plus marcher sur les pieds.

Issus, pour beaucoup, de la génération gâtée de l'après-guerre, conquérante du confort et du non-conformisme, qui a inventé le pouvoir de la jeunesse, est en train d'inventer l'éternelle jeunesse et, quand il le faudra, inventera le pouvoir de la vieillesse, ils savent très efficacement imposer leurs modèles. Être dépassée par l'époque serait l'insulte suprême pour cette tranche d'âge qui a décidé une fois pour toutes, il y a vingt ans, que son destin était le changement. Née majoritaire, aujourd'hui encore majoritaire, elle a pris soin de se reproduire avec parcimonie pour rester majoritaire jusqu'à sa mort et consent des efforts touchants pour être encore dans le coup (rien n'est plus virulent contre l'esprit peace-and-love qu'un baba repenti).

Un des meilleurs signes de bonne volonté de ces privilégiés a été de passer du slogan « mort de la famille » à celui « mode de la famille ». Une famille qu'ils ont réussi à déguiser en tribu échevelée assez proche de leurs rêves de jeunesse, et d'autant plus indétrônable.

Dans le chaos des groupes familiaux contemporains, difficile en effet de donner des coups de pied : trop d'instabilité, plus aucun mur pour écraser son poing, se cogner la tête ou faire des graffitis dévastateurs. Les 13-18 ans d'aujourd'hui considèrent, à 80 %, que leurs parents respectent bien leur vie personnelle, à 90 % qu'ils les aident efficacement dans leurs études. Tout le monde il est sympa, tout le monde il est content. Pour les adolescents, selon un sondage *Famille-Magazine*/IPSOS d'octobre 1987, la famille apporte sécurité, confiance, dialogue, plaisir et solidarité. Seuls 15 % d'entre eux la trouvent barbante, étouffante, dépassée et détestable.

Gide est en sanglots dans sa tombe, le « familles, je vous hais » fait franchement rigoler! La famille est une plage de sable fin où aucun « fossé des générations » ne se creuse. Comment étouffer dans un lieu plein de courants d'air, où les séparations et les changements d'unions modifient le paysage à tout bout de champ?

Victoire sur toute la ligne.

Les enfants de séparés/divorcés (8 % ont assisté au divorce de leurs parents, 4 % les ont vus se quitter sans s'être mariés), autrefois considérés comme d'exceptionnels malchanceux voués à des désordres névrotiques spectaculaires, ne se perçoivent plus comme des victimes : certains tirent de leur situation des bénéfices secondaires qui font des envieux chez les « normaux ». C'est vrai quoi, ils ont tout en double! Chambre, jouets, bouquins, vacances, et quand la tension est trop forte chez un parent, ils peuvent demander à dormir chez l'autre en attendant que l'orage soit passé. Et même quelques parents, débordés par la charge que représentait un enfant, vivent mieux leur responsabilité une fois divorcés, grâce à l'alternance de la garde qui leur préserve des moments de liberté et les transforme en parents à mi-temps ou à quart-temps.

Ainsi beaucoup d'enfants se retrouvent avec quatre parents (7 % des « foyers visibles » élèvent un enfant du premier lit), et les « pièces rapportées » sont souvent des alliés. Ne se sentant pas investis d'une responsabilité écrasante (l'enfant a déjà son père et sa mère pour s'occuper de lui), donc moins angoissés et plus tolérants, ils apportent souvent du supplément : un parrain ou une marraine à domicile, qui vous défend quand vous ne voulez pas finir vos épinards, se dévoue pour vous emmener à La Villette ou vous offrir le dernier Spielberg, c'est bon à prendre...

Sans compter que cet « invité » familial, passage éclair ou longue durée, a peut-être un rejeton qui sert à l'occasion de frangin ou de frangine, mettant un peu de cannelle dans le dessert parfois triste d'enfant unique. Vivent beaux-pères et belles-mères!

Bravo aussi aux « faux-parents » qui ne voulaient a-bso-lu-ment pas d'enfants et se retrouvent assis à l'arrière de la voiture dans les embouteillages au retour du week-end « familial », le bambin du nouvel amour sur les genoux, en train de compter les voitures bleues et les voitures rouges, une serviette à la main (au cas où on n'aurait pas le temps de s'arrêter AVANT la terrible envie de pipi ou l'incontrôlable mal au cœur)...

Ce sketch, on ne l'avait pas prévu, mais bon, de sorties-ciné en récits de Blanche-Neige, on s'est amadoué, et on se retrouve tout gaga en train de recoudre des boutons de culotte, de réparer le walkman, de s'extasier devant le gâteau immangeable, d'attendre avec angoisse chez le pédiatre ou de faire des problèmes impossibles avec $\pi = 3{,}1416$ et la surface du cercle... Il est vrai que ces amours d'élection sont parmi les plus belles.

Mais entre les principes d'éducation qu'on n'a pas choisis, et les indispensables prises d'autorité « en-dehors-des-principes », on marche sur un fil. On essaie d'intégrer la « logique » de ces mômes qui, ayant vu souvent passer d'autres « beaux-parents », sont devenus pragmatiques, prennent l'affection quand elle est là sans trop compter sur sa durée, et manipulent « passants » ou « permanents » avec charme, afin d'en tirer le maximum à chaque instant. Pour bien s'en sortir, il ne suffit pas qu'un « faux-parent » connaisse par cœur tous les théorèmes de Dolto. Pas de recette, aucun code des usages, et bien peu d'exemples pour les « beaux-parents invisibles ».

A quand une « Fondation de la nouvelle famille » en France, comme il en existe déjà à New York pour venir en aide à ceux qui se sentent débordés par la situation, puis désarmés, ou carrément grugés? Car, si le « faux-parent » a réussi à transformer le duo en trio (ou en quatuor), que se passe-t-il au bout de quelques années? On se sépare, ben tiens! (en moyenne, un remariage ne tient pas plus de trois ans), et il faut quitter, d'un coup, l'amoureux ET l'enfant d'adoption, sur lequel on n'a aucun droit. On n'était rien de plus qu'une « fille au père » ou un « papy-sitter » : il n'y a même pas de nom pour les parents intérims!

Pour les enfants non plus, ni droit, ni obligation vis-à-vis des beaux-parents descendus du bateau. D'ailleurs comment feraient-ils, techniquement? Deux chambres à coucher, deux foyers, c'est déjà beaucoup pour un seul gamin. « Tu t'rends compte si je devais fêter Noël avec toutes les ex de mon père et tous les petits copains de ma mère qui se sont occupés de moi! »... Alors, l'enfant trie, même s'il arrive qu'il se souvienne, une fois adolescent, d'un tonton ou d'une tatie de passage, et éprouve le désir de le re-découvrir, ajoutant un aîné, à ceux, nombreux, qu'il a déjà.

Quant aux « vrais » parents, ils restent souvent perplexes devant des situations gigognes qui n'en finissent pas de s'empiler et parmi lesquelles ils ne trouvent pas toujours la pleine réalisation de leurs désirs. Les hommes notamment, qui n'ont plus le « contrôle » de la reproduction : les femmes peuvent facilement leur « voler » leur sperme et les mettre devant le fait accompli : enceinte! Si l'homme ne voulait pas l'enfant, soit il disparaît dans les brumes, soit il se laisse séduire par l'enthousiasme de la mère, ses rondeurs, puis par le nouveau-né qui a les oreilles de son arrière- grand-mère, et il devient un papa-éclair à la vanille. Ou bien, il voulait l'enfant et le veut toujours, mais ça n'a pas marché avec la mère qui en obtient la garde, et il aperçoit de loin en loin un gamin qu'il a reconnu mais ne connaît pas bien.

Combien de « pères abandonnés » ont ainsi plusieurs enfants de femmes différentes sans en avoir élevé aucun, éternels saint Joseph! De nos jours, être papa n'est pas évident, et beaucoup d'hommes rêvent d'avoir un petit sans lui trouver de mère. Ils tombent toujours sur des femmes qui en ont déjà un ou deux et n'ont absolument pas l'intention de remettre ça. Seule consolation pour ces déçus de la fibre paternelle : ils ont toute la vie devant eux, et même passée la soixantaine, ils peuvent encore trouver une jeunesse qui acceptera de fonder une dynastie.

En revanche, les choses étant bien faites, les femmes ont tout pouvoir sur la procréation, mais seulement jusqu'à un certain âge. La ménopause met un terme à leur carrière génitrice, même si cette échéance recule, au point que, de plus en plus nombreuses, des nullipares songent à faire congeler quelques ovules « au cas où ».

L'amour n'est donc pas « nouveau » uniquement dans les draps des amants. Il l'est aussi entre parents, entre enfants et parents, frères et sœurs, grands-parents et petits-enfants.

Le père n'est plus le père et la mère n'est plus la mère. Même Freud y perdrait ses complexes. Les pères sont moins autoritaires, et pour cause : ils n'ont pas tant de certitudes à enseigner à leurs progénitures. Le rôle de papa copain est plus valorisant que celui de grand méchant loup.

Les mères sont moins possessives, après une phase quasi inévitable de frénésie. D'abord inquiètes, voire angoissées, parce que surinformées des aléas psycho-médicaux-névros des moins de 5 ans, elles en rajoutent souvent avec le nourrisson dont elles s'occupent. Plus elles se sont décidées à enfanter tard, plus elles sont obsessionnelles. Oubliant que le mieux est l'ennemi du bien, elles s'agitent dans tous les sens pour être des perfections de mères. Jusqu'à l'overdose! Puis, avec la bénédiction du « à 5 ans tout est joué », elles lâchent prise, découvrent les merveilles de l'école maternelle, de la nounou ou de la crèche, se rappellent que Mamie existe et qu'elle a du temps libre, et se relancent dans la vie professionnelle.

La « liberté » commence pour l'enfant.

Dès qu'il est capable de demander *les 101 Dalmatiens* sur le magnétoscope, il hérite de sa tantine la télé, puis de sa marraine l'école. Maman est repartie vers de nouvelles aventures. Gamin a commencé ses 40 heures de boulot scolaire hebdomadaire. Il a compris : chacun sa vie.

C'est aussi une des dimensions de l'amour nouveau : s'émanciper de l'enfant.

Moins disponible, moins corvéable à merci, la mère a fait de son mieux, sacrifié beaucoup, mais elle n'a pas renoncé à sa vie. Elle s'est battue à temps contre celui qu'elle avait elle-même sacré roi. On a tant parlé des droits des enfants pendant les années 70, qu'on les a bus jusqu'à la lie, surtout à une époque où ils restent le plus longtemps possible à la maison! Beaucoup de « parents-permissifs » se sont lassés d'être interrompus dans leurs ébats amoureux par l'irruption du petit dans leur chambre, ou de passer les vacances avec les 12 copains du gamin (confiés par des parents moins perfectionnistes), lassés de ne pas pouvoir s'adresser la parole tant que le baby ne dort pas, ou de ne jamais le faire garder parce que « personne n'est assez bon pour lui! », lassés enfin de se faire reprocher par leur chérubin, devenu adolescent, de ne pas avoir su poser quelques barrières (pas si marrant, finalement, d'arriver dans un monde où l'on n'a rien à transgresser)!

La guerre des générations a fait place au désordre des générations, et la famille d'aujourd'hui ressemble aux plantes des laboratoires spatiaux, dont les racines montent et les tiges descendent. La pyramide démographique a la tête à l'envers : beaucoup de grands-parents et peu d'enfants. La notion d'âge elle-même a perdu sa netteté dans l'anarchie des nouveaux modes de vie : on est adolescent plus tôt, adulte plus tard, et les vieux restent « jeunes » longtemps.

La cohabitation de cinq générations, non pas dans l'espace (on partage de moins en moins les mêmes maisons), mais dans le temps, a rendu les relations moins formelles, moins empesées. On est passé de la famille « fusionnelle » à la famille « contemporaine ». L'avenir économique étant incertain, les coups de mains familiaux, économiques, pratiques, affectifs, peuvent faire du bien là où le reste fait mal. Et les plus âgés, jouissant d'une retraite et donc d'une sécurité qui échappe aux plus jeunes, savent tendre la main à leurs descendants.

Côté cœur, on a perdu la clé du paradis : ni le célibat, ni le mariage, ni l'union libre, ne savent à coup sûr en ouvrir la porte. Dans les pauses qu'on s'accorde entre ces différentes tentatives, fatigués par les aléas d'une vie amoureuse pleine de remises en question, la famille est le point d'eau où l'on peut se refaire et reprendre quelques forces affectives avant de se lancer à nouveau dans la course tout terrain.

Ainsi l'amour filial retrouve sa place dans la famille des amours, et beaucoup de ceux qui avaient jeté leurs ancêtres par-dessus les barricades se découvrent pour eux une curiosité nouvelle, désireux de comprendre de quel bois est le sentiment qui les tient encore ensemble. Quant aux parents qui ont subi tous les rejets des années 70 (les 50-70 ans), ils ne sont pas mécontents d'ouvrir leur cœur à une génération qui n'a aimé qu'elle, pensé qu'à elle, parlé que d'elle, avant de découvrir qu'elle ne savait pas tout.

Les points de conflits et les voies de communication ont changé dans les familles gigognes et « quinquagénérationnelles » : on tend des ponts, des alliances se créent, on choisit ses complices dans la profusion offerte. (Aujourd'hui beaucoup de belles-mères reconnaissent avoir davantage de relations avec leur belle-fille – officielle ou non – qu'avec leur fils.) Les cadets peuvent visualiser les différentes étapes de leur avenir, et la continuité qu'ils ne trouvent plus dans leurs propres existences, ils la trouvent peut-être dans la présence, en simultané, de toutes ces vies.

A 30 ou 40 ans, on voit ses parents de 60 ou

70 ans se débattre dans l'insoluble question de leurs propres parents de 80 ou 90 ans. Vu le vieillissement de la population européenne, on se penchera de plus en plus sur cet étrange stade du développement psychique qui permet à l'individu de devenir un jour le parent de ses parents. Et on finira par se demander pourquoi l'amour est un prêté pour un... pas toujours rendu.

Combien de vengeances se jouent en effet « sur le tard », des enfants de 40, 50, ou 60 ans ne pouvant admettre que leurs parents de 60, 70, 80 ans ou plus tombent amoureux. C'est vraiment la famille à l'envers. Nouvelle adolescence, nouvelle révolte de personnes âgées affirmant leur nouvel amour malgré les cris épouvantés de leurs enfants : dans tous les pays, on connaît des exemples de vieux qui renoncent, s'enfuient loin de leur famille ou se suicident parce qu'on ne les a pas laissés s'aimer.

Les Roméo et Juliette d'aujourd'hui sont octogénaires. Car si l'on a toujours admis que des messieurs chenus séduisent des jeunes filles, si l'on commence doucement à accepter que des dames de trois fois 20 ans concubinent avec des jeunes, on a vraiment du mal à avaler que des vieux entre eux... Tabou mystérieux issu d'un Œdipe mal digéré, scandale d'une situation trop brusquement nouvelle (on vit en moyenne trente ans de plus qu'au début du siècle)?

Un jour, les vieux amants trouveront leur mister Freud, qui criera bien haut que Papy et Mamy n'ont pas le sexe des anges, que la ride n'interdit pas l'orgasme... et l'amour aura ses droits jusqu'au dernier battement de cœur.

En attendant, le chambardement est déjà la règle pour tous les autres âges. La toile de fond, les références mêmes de l'affection ont changé. Au début était le désordre familial et sur ce désordre je construirai mes amours. Elles seront aussi en proie au désordre. On ne pleure pas cet état de fait, on n'y prête même pas attention, on naît dedans, et pas étonnant que plus de la moitié des 13-17 ans pensent qu'ils ne se marieront pas. Combien de jeunes ont-ils aujourd'hui la référence d'une histoire unique sans rupture?

L'amour nouveau est en train de semer des graines pour des modèles mutants.

FAUX DIVORCE VRAIE FAMILLE

Pour le divorce, ils ont hésité longtemps.

Ils ont fini par se décider, mais ils ont encore beaucoup en commun. Tout est impeccablement organisé, les enfants vont à l'école du village, la maison est presque payée, la jalousie et la possessivité se sont évaporées avec le temps, pourquoi s'imposer le stress d'un déménagement? Le divorce n'oblige pas à la séparation.

Ils choisissent donc de rester « en famille ». Chaque parent prend un étage, les enfants s'installent dans le grenier retapé et, quelques mois plus tard, on invite l'amant ou la maîtresse à faire dodo dans cette si jolie maison.

Premier tri : *l'invité gifle ou supporte.*

Deuxième tri : *l'invité parvient (ou pas) à jouir dans la maison hyper-sonore en sachant que l'ex habite dans la chambre du dessus!*

Troisième tri : *l'invité accepte de prendre le petit déj' avec toute la famille ou fuit en courant ces histoires de dingues!*

Ultime sélection : *l'invité supporte le couple papa/mama continuant la conversation entreprise il y a quinze ans, évoquant leurs amis communs et leurs meilleurs moments : « Ah, tu te souviens quand le flic est arrivé pendant qu'on baisait sur la plage de Deauville... »*

Si l'invité triomphe de ces épreuves, tout baigne : quand maman fait la lessive pour toute la famille comme elle le fait depuis quinze ans, la petite amie de papa, même féministe, ne peut pas lui refuser un petit coup de main. Ce ne serait pas gentil! Pendant ce temps-là, l'amant de maman, qui était très serviable jusqu'alors, fait la conversation avec papa : le laisser boire son whisky tout seul serait grossier!

Ainsi, par mimétisme, le nouveau ressemble à l'ancien, la nouvelle à l'ancienne et tout est à redéfaire!

LA NOUVELLE CARTE DU TENDRE

Chaque amour tout frais est une lessive haute performance qui rend aux vieilles sapes du cœur leur couleur et leur enthousiasme d'origine. Pas besoin d'avoir été baba pour rêver d'être gaga, au moins de temps en temps, pour le pied, pour se fabriquer des souvenirs, ou se refaire tout neuf, avec une trombine qui sentirait la lavande printanière... C'est pour ça qu'à l'heure du marchand de sable, on s'agenouille et on prie : « Mon Éros, faites que je tombe amoureux, faites que je tombe amoureuse... viiiiiite ! »

Qu'on soit marié et même bien marié, concubin et même bien accompagné, célibataire et même soucieux de le rester, homo ou hétéro, ce désir-là persiste. L'amour, toujours l'amour. On voudrait le frisson, le grand ou le petit, la rencontre magique, un trouble, un mot, un regard, ou bien la grande tempête sensuelle, corps à corps électrique, sexe à sexe torride. On attend, on attend, on compte sur le hasard, jusqu'au jour où, poussé par un irrésistible appétit, on sort, alors qu'on serait tellement plus en sécurité chez soi.

Commence dès cet instant un trekking haute performance au pays de la drague, de la séduction, du plaisir ou de la déconvenue, un pays où l'on a beaucoup de mal à se repérer car, encore une fois, le code amoureux est en plein chamboulement.

Rencontres et séductions : les jeux du désir et de la self-défense

On a envie de faire l'amour... c'est légal, non?

Tous les testeurs en état de marche, empaqueté comme un cadeau japonais, on part à la recherche du plaisir perdu, activité passionnante entre toutes. On n'y croit qu'à moitié quand tout à coup : flash! Apparaît Frédégond dans un état de rut proche du rutabaga, on change de couleur d'yeux, on mange son sac à main et on se ronge les dents : « Je suis montée dans l'ascenseur, il avait une basse à la main, j'ai toujours adoré les bassistes, j'ai oublié d'appuyer sur le bouton. Il m'a dit " vous avez oublié d'appuyer sur le bouton ", j'ai dit " oui, j'ai oublié d'appuyer sur le bouton ". On était arrivé au 7e, j'ai pensé " 7e-7e ciel, c'est bon signe ". Le soir on faisait l'amour. Tu t'rrrrrreeendss coooooompte!!!! » Emballé c'est pesé!

Les séductions-emballages sont rapides et éventuellement indépendantes de l'identité du partenaire. Simplement on a EN-VIE, on est dans le bon « mood ». Alors on se fait un peu de charme, mais pas longtemps, car avec d'un côté ceux qui « ne-veulent-pas-ça-se-voit-tout-de-suite », et de l'autre ceux qui « veulent-bien-ça-se-voit-tout-de-suite », on se repère « tout-de-suite ». Et on fait l'amour. Évidemment, comme on n'avait pas pris le temps de vérifier si l'emballage était vraiment cadeau, on s'aperçoit souvent que c'est-pas-ça, mais c'est pas grave, tout le monde peut se tromper, on oublie... Vite fait, vite passé, des bouts d'histoire sans histoires.

Et la séduction dans tout ça? Le plaisir de voir venir l'autre avec ses petits sabots coquins?

C'est bon, mais c'est rare. On y joue bien, de temps en temps, mais avec maladresse (faut bien mettre la pudeur quelque part). Enfin, une fois n'est pas coutume... Le bon mot au bon moment, le sourire qui fait rire, les vieux trucs, mais comme projetés en accéléré. L'anachronisme d'une fleur offerte dans un restaurant : j'ai bien le droit d'être nunuche, merde, pour une fois! Un brin de gentillesse aussi, une main sur la nôtre comme-si-c'était-tout-naturel, et voilà t'y pas que, de sucre, on devient caramel. On laisse la nôtre comme-si-c'était-tout-naturel, en continuant à parler, comme-si-on-n'avait-rien-vu. Qu'est-ce que ça fait du bien le genre « comme si de rien »! Ça vous détend l'élastique le plus serré. Un instant on oublie qu'on est des gens prévenus de tout et spé-cia-le-ment in-te-lli-gents. On fait durer ces minutes, on les savoure, on est dans L'ÉTAT DU SOUFFLÉ, délicieux et doré, mais si fragile. Devant ce miracle de la cuisine relationnelle on a l'inquiétude légitime de la maîtresse de maison surveillant son four, sachant qu'au moindre courant d'air, si on se trompe de moment, si on se trompe de geste, c'est parti pour la crêpe bretonne!

Alors, on retient sa respiration, on se demande s'il faut parler, pas parler, se toucher, pas se toucher... et si c'est un jour à pas-de-chance, on se retrouve complètement ratiboisé dans un lit, avec les marques des chaussettes aux chevilles – c'est sûr on ne voit que ça – pas loin de « quelqu'un » qui fait des bruits dans la salle de bains avant de nous rejoindre, mais trop tard, car le cyclone « Méfiance » est revenu avec sa petite angoisse et son air de porte de prison. On n'aurait jamais dû monter les blancs en neige, fallait se contenter de fast-food, heu... pardon, de fast-baise, tout de suite, comme ça, comme d'habitude... pas de chichis. On n'aurait pas eu le trac, on n'aurait pas été coincé, on n'aurait pas eu le temps de penser.

C'est un des théorèmes de base du nouveau code amoureux : les positions du cœur APRÈS celles du Kamasoutra.

Aujourd'hui, la rencontre entre un homme et une femme autonomes ayant un peu vécu, c'est la rencontre de deux États en plus ou moins bon état.

Si par hasard on se plaît un peu trop, si on devient assez idiot pour se téléphoner trois fois dans la même journée, on fait dans le dérisoire, on plaisante gros comme son envie de se laisser aller, on s'appelle Papa-Maman ou Starsky & Hutch. Prononcer le vrai nom de quelqu'un, ce serait déjà s'engager. Si jamais le charme persiste quelque temps, les négociations commencent. Mais pas question de renoncer au bouclier nucléaire sans s'être livré au préalable à une quantité de « danses du désarmement ». J'enlève un missile sol-sol, tu enlèves un Pershing, j'en remets deux si tu mets trop longtemps à enlever le tien. Défaire une à une les armures, dans un contexte dont on ne peut pas dire qu'il soit non violent, c'est la nouvelle parade de la séduction.

Tant de précautions, c'est vraiment plus du jeu.

Un des systèmes de protection les plus performants consiste à superposer les relations. Pas question d'être fidèle du jour au lendemain. Normal de garder quelques îlots de secours au cas où ça ne serait pas aussi bon qu'on l'espère. Alors on « tuile » en amour, comme on dit en musique quand une nouvelle mélodie commence alors que l'ancienne est encore inachevée... On se met sous un double toit pour éviter, justement... la tuile. Un bon « deux tiens » vaut mieux que deux « tu l'auras ».

On a si peur de se marcher sur les pieds qu'on avance en reculant; si peur de se quitter qu'on se donne des assurances-fin-de-partie, on se garantit une rupture santé. Entre deux effusions, on se promet de ne pas se mentir quand on en aura marre, dans la position du missionnaire, on se jure de rester bons amis toute la vie, en levrette, on s'offre des « bons pour une rupture sans drame » et, en douce, on se renseigne pour savoir si l'autre est resté à la cool avec ses « ex », on lui parle avec chaleur des excellentes relations qu'on a gardées avec les « anciens », bref, on se rassure : pas de dégâts à la sortie... Puisqu'il y aura, for-cé-ment, une sortie, n'est-ce pas?

On marche sur les mains : « Oh toi tu m'énerves » peut être une déclaration d'amour! Faut avoir un bon dictionnaire pour décrypter le jargon niveau école maternelle de la libido. Du « je veux te faire un enfant, mais vite parce que t'es plus toute jeune », au « t'approche pas ou j'te flingue », tous les cas de figure existent. L'art consiste à faire la différence entre le « je veux te faire un enfant » de pure politesse, façon de dire qu'on se trouve sympa, et le « je veux te faire un enfant » sérieux, signe – quand c'est prononcé le premier jour – d'un grave état de déséquilibre mental! Quant au « t'approche pas ou j'te flingue », comment savoir, avant qu'il ne soit trop tard, s'il exprime une-très-grande-peur face à un-très-grand-amour en gestation, ou s'il donne simplement une vision extralucide de ce qui se passera si on décide de s'approcher quand même?

Les femmes participent activement au culte du « si je t'engueule, c'est que tu me plais », tout en continuant quand même à espérer qu'un homme audacieux et énigmatique posera sur la table deux billets d'avion pour Grenade ou... pour Bagnolet (c'est l'intention qui compte). Un peu de romantisme, un peu de surprise, un peu d'aventure! Mais comme les billets tombent moins souvent que les tiers provisionnels, elles décident parfois de faire le boulot elles-mêmes : parmi les figures à la mode, on découvre « le break dance des dragueuses ».

Pour un homme, on l'a assez dit : insister, c'est nul!

Du coup, ceux qui ne reçoivent pas de signes d'encouragement renoncent vite. Ils n'accusent même plus celles qui repoussent leurs avances d'être coincées, masos ou méchantes. Ils ne précisent même plus que, « pour un homme, terrrrrible destin, le désir inassouvi est EFFROYABLEMENT DOULOUREUX! » (ils se souviennent qu'il y a une quinzaine d'années, des femmes excédées n'hésitaient pas à balancer charitablement des seaux d'eau froide sur leur organe viril, pour mettre fin à cette douleur!). Non, si Perrette ne veut pas casser le pot au lait, ils offrent leurs ardeurs à une autre, c'est tout. Faut dire qu'ils ont le choix, car l'homme se fait rare.

Les Françaises disponibles sont plus nombreuses que leurs compatriotes masculins disponibles, surtout pour les plus de 40 ans (4,8 millions pour 2 millions d'hommes seuls). Très très dur de trouver une épaule consolatrice, pour le sexe faible décidément très fort puisqu'il vit beaucoup plus longtemps et que la France compte 3,2 millions de veuves contre 640 000 veufs.

Cela n'empêche pas les femmes « encore jeunes » (35-40 ans) de constater une raréfaction notable des proies masculines : entre les homos, les angoissés de la crise et ceux qui n'osent plus faire un geste de peur qu'on les leur coupe – fallait pas menacer ! – on est loin des nanas qui disposent, assaillies de propositions. Alors que font-elles, futées comme elles sont?

Elles rencontrent « par hasard », plusieurs fois par jour, celui qu'elles ont décidé de séduire, elles lui téléphonent sous des prétextes gros comme leur désir, et l'invitent à dîner en prétendant que « c'est la boîte qui paie » alors qu'elles se sont mises d'accord avec le maître d'hôtel. Et puis elles parlent d'autre chose, de l'amour, enfin de ce qui, pour la plupart, reste quand même la « vraie vie »... Mais elles se heurtent à des situations nouvelles : les hommes sont de bons bougres qui refusent rarement une nuit à une demoiselle sympathique et décidée, sans pour autant se sentir obligés de revenir. Or, pour beaucoup d'entre elles, si le premier pas ne coûte pas trop, c'est surtout le deuxième qui compte. Faut-il jouer les gros bras quand on a un gros cœur? Surprise de l'homme, dragué de main de maîtresse, découvrant qu'il est en face d'une gamine sentimentale! Que voulez-vous, on ne se refait pas.

Non, la vraie lame de fond n'a pas encore balayé tous les atavismes. Et ces femmes qui se racontent, sur le ton d'une recette de cuisine, comment elles « se font des mecs » et « se les sautent », négligent une partie importante de la population masculine pourtant tout à fait libre, saine et prête à tomber amoureuse au premier battement de cils. En termes clairs : Qui chouchoute le lycéen?

Personne n'en veut.

Ses copines de classe, théoriquement « plus mûres » que lui, s'intéressent à son grand frère ou à son père – qui le leur rendent bien – et les amies de sa maman se contentent de le trouver « mignon ». Résultat, il n'y a que les homosexuels pour le regarder comme objet de désir!

Ce phénomène est moins dramatique pour les adolescents qu'une activité semi-professionnelle dégourdit, mais pour les lycéens c'est vraiment le Triangle des Bermudes! Que fabriquent les célibataires femmes? Pourquoi se cloîtrent-elles au lieu de former la jeunesse? Enfin une œuvre de salut public qui permettrait aux mâles d'arriver à l'âge adulte sans rancœur, avec une expérience et une confiance en eux dont profiteraient, plus tard, leurs partenaires.

Le problème est plus grave qu'il n'y paraît et dépasse la simple provocation. Quel homme ne garde pas le souvenir d'un premier amour, parti avec « un vieux de 19 balais » qui avait une mobylette ou une voiture, alors que lui, pauvre pomme, n'avait que ses yeux pour pleurer!? Et comment le convaincre, une fois adulte, que les femmes ne sont pas aussi « intéressées » qu'il le prétend ?

Rien de neuf aujourd'hui côté adolescent ! D'une part, des jeunes filles que l'abondance de propositions finit par rebuter, au point de les rendre à jamais méfiantes ou arrogantes; de l'autre, des jeunes hommes, méprisés pendant une des périodes les plus fragiles de leur existence, découvrant la sexualité à travers une frustration qui restera un des piliers de leur misogynie. Adultes, ils se rueront avec d'autant plus de cynisme sur ces gamines dont ils ont été privés en temps voulu, pour vivre enfin l'adolescence qui leur a échappé. Généralités bien sûr, auxquelles beaucoup échappent (en particulier toutes les jeunes filles qui n'ont pas le bonheur de plaire), mais quand même ! Agissons pour les générations futures ! Ne laissons pas les jeunes gens à leurs manques ! Aux lycées, citoyennes !

De toute façon, le changement, c'est le métier des femmes !

Depuis la pilule, elles ont fait couler de l'eau sous les ponts. Après « l'un hait l'autre », Papa-Rock et Maman-Jeans avaient accouché d'Unisex Androgyne, et on avait eu « l'un est l'autre ». Ces deux vagues passées, les femmes se reféminisent méchamment tandis que les hommes se revirilisent gentiment.

Les sous-vêtements affriolants, chics et chers, reviennent, gage de bonne volonté. On se déshabille moins souvent, autant que le spectacle en vaille le coup! Et que je te dentelle, et que je te découvre, et que je te satine les rondeurs. Les demoiselles battent à nouveau des cils, pour remercier ces hommes qui, malgré tout, sont restés hétéros. Il convient maintenant de faire gaffe et de ne pas tous les décourager! De guêpières en jarretelles, on rejoue la séduction grosses ficelles et fines soieries, tout en cherchant cet homo-erectus dont l'affection ne dépendra pas uniquement de la dentelle de son body.

Les hommes se laissent draguer, ils font les désirés après avoir été si longtemps désirants, et choisissent avec nonchalance parmi leurs prétendantes. Mais, malgré toutes ces preuves de bonne volonté, beaucoup pensent être dans l'œil du cyclone : la tempête est passée, mais le pire est peut-être à venir. Alors attention!

Une des prudences les plus prudentes, c'est la drague strictement verbale où il est plus important de dire que de faire. Elle fonctionne sur le principe de « L'ALLUMAGE EXTINCTEUR » : un petit coup de séduction, c'est la moindre des politesses et ça met de bonne humeur, mais pas question d'aller plus loin : si par hasard celle qui avait proposé au beau brun de l'embarquer « au bout du monde sans jamais s'arrêter », rappelle pour lui demander si ses bagages sont faits, il tombe des nues. « Nooon, arrête de déconner, je croyais que c'était une blague moi... » C'est vrai, ça peut pas être vrai, ces trucs-là! Si tous ceux qui en ont parlé étaient vraiment partis au bout du monde, les villes seraient désertes depuis longtemps et on n'aurait pas besoin de partir!

Un des sommets de cette « cour » qui ne risque pas de laisser des traces de rouge à lèvres compromettantes est la drague-monologue : on raconte à une personne de son goût (la notion de « sexe opposé » n'est plus indispensable) ce qu'on lui ferait si..., et sans attendre de réponse, on argumente de façon audacieuse : « Mais non, il ne vaut mieux pas, ça nous entraînerait trop loin, etc. » et on repart convaincu « qu'on en aurait fait ce qu'on aurait voulu, mais on a préféré refuser! ». L'autre nous catalogue immédiatement dans les fêlés du bocal, mais on est content, on a eu sa petite drague quotidienne et son coulis de baratin!

On se fait du charme pour la forme, pour la beauté du geste, le plaisir du bon mot. On préfère acheter son escalope à un boucher qui nous sert en disant « voilà pour vos beaux yeux... et il n'y a pas que vos yeux qui sont beaux!!! », plutôt que se faire jeter le bout de viande à la figure! On imagine difficilement aujourd'hui Frédégond giflant son copain parce qu'il a dit à sa dulcinée qu'elle était hyper-bandante.

Tant qu'on marivaude, même hard, on peut tout espérer, et puis rentrer chez soi, et s'envoyer en l'air avec son demi-valium. Mais allumer, toujours allumer, quelle impasse! A force de démarrer sans jamais partir, comment ne pas noyer son moteur? Pas d'affolement : cette moderne de vie crée, pour chaque angoisse, ses tranquillisants.

La TÉLÉSEXUALITÉ avec son minitel, ses messageries, ses téléphones, ses répondeurs, ses télés, ses K7, ses petites annonces et ses agences matrimoniales, déroule un tapis rouge devant Sa Majesté Le Sexe Sans Sexe!

Inutile de draguer pour séduire, de séduire pour baiser, ni même de baiser pour faire l'amour. Le règne du « loin des yeux près du cœur » est arrivé : on peut vivre une histoire totale avec quelqu'un, début, fin, adieu, sans la réalité physique de l'advers... euh pardon, du partenaire.

Adieu la moustache rédhibitoire, l'insupportable odeur de tabac, le répulsif rouge à lèvres orange et le « slurp! » impardonnable du grossier buveur de café. Enfin les mots sans les maux! Pas d'âge, pas de visage, même pas la voix pour les interlocuteurs minitelistes. On a tous le physique d'AZERTYUIOP. C'est le règne de l'amour-clavier, et l'écran est un lit aseptisé où l'on étend l'autre : 36/15 et le tour est joué. On a remplacé les ébats par les débats.

Mac Luan constatait que la génération télé n'était plus capable de lire en deux dimensions, beaucoup ont aujourd'hui du mal à désirer sans bombardement d'images. L'érotisme de l'écran prime sur celui de l'interlocuteur. On se branche sur la messagerie. Qu'il y ait ou non celui qu'on espérait au bout de la ligne, au moins il y a quelqu'un. Ne pas être seul, ne pas être seul, surtout, mais sans risquer les peines de corps! L'écran est un compagnon idéal, il fait ce qu'on lui dit de faire.

Même les clubs de rencontre sont équipés de caméra vidéo. Pendant qu'ils baisent avec ardeur (au prix qu'ils ont payé, ils l'ont bien mérité), la plupart des participants savourent la projection de leurs propres exploits sur le moniteur alors qu'il leur suffirait de changer l'axe de leur regard pour se voir en direct, in vivo. Big Brother is exciting you. L'encadrement de soie noire façon jarretelle fut longtemps une condition-nécessaire-et-suffisante à une quantité d'érections; faudra-t-il se procurer des sous-vêtements en forme de téléviseur? A quand les poupées gonflables avec écran à la place du sexe?

En attendant, les minitélistes prennent leur pied à ne pas se gêner. On fait briller son pseudo, on astique le cuivre des mots et on pénètre dans un langage simplifié, chaque syllabe coûte cher, il faut faire court! Kestem? Comenté? Kestufé? Téou? Outabite?

« Fleur de courgette » s'éclate avec « Escalope de dingue ». Ils se font des hydrocutions verbales et, dans son vieux jogging immontrable de celluli-teuse, Mistinguette a des belles gambettes. C'est le bal costumé d'autrefois. Mascarade de plus en plus perfectionnée pour rencontres désincarnées.

Des messageries télématiques proposent même de mettre en contact téléphonique les correspondants qui le désirent... sans qu'ils aient à confier leur numéro à l'inconnu dont ils aimeraient entendre la voix. Ni traces, ni scrupules. On peut enfin être qui on serait si on n'était pas si timide. Le loup est entré dans la bergerie de l'amour, il n'aime pas la chair fraîche mais dévore tout signe d'identité.

La facture, en revanche, n'est pas anonyme! Nous sommes tous des entraîneuses maquées par l'État. L'amour a enfin un prix officiel, celui des minutes de branchement : « Si elle me fait monter jusqu'à 400 balles, je file rendez-vous à Lola Pervenche. » Pas sûr qu'elle accepte d'ailleurs! Des professionnels de la séduction télématique sont payés par les messageries pour garder le client en ligne... Lola Pervenche chausse du 45, elle a l'anatomie de Ben Johnson, c'est un hétéro pur mâle, mais à l'autre bout, Osiris ne le saura jamais.

Le téléphone, lui aussi, permet le SEX-MINIMUM-CONTACT, avec ses circuits de téléprostitution extrêmement hygiéniques : une interlocutrice à la voix d'hôtesse de l'air lubrique prend votre numéro de carte bleue, vous rappelle et vous raconte ce qu'elle se fait et ce qu'elle vous fait jusqu'à ce qu'éjaculation s'ensuive. Cette méthode a le mérite de favoriser le redressement économique en permettant à des chômeuses d'arrondir leurs fins de mois par un dévouement verbal illimité.

Téléphone ou minitel, l'important c'est de savoir d'avance où on prendra son pied. Les catégories sont affichées format Mondial, ou collées sauvagement sur les palissades-travaux; claires et ciblées, elles garantissent l'efficacité. Chacun en a pour son fantasme sans déborder du cadre des rêves prévisibles, et les chances d'évolution sont réduites à l'extrême. Sur tel réseau, ils ont tous des grosses queues, quelle aubaine, et elles ont toutes des petits culs tandis que, sur un autre, ils veulent tous que leur maîtresse les battent parce qu'ils ont été veuuuuules. Pas d'panique, c'est dans l'annuaire.

Mais attention, Minitel, c'est pas toujours pour la gaudriole.

Il y a les messageries pour les fanas d'astronomie qui se donnent les tuyaux sur la dernière comète, les fadas d'astrologie qui s'échangent leurs ascendants, ou les accros de la micro qui se font du téléguidage informatique, minitel dans une main, ordinateur dans l'autre : « Bon alors, tu insères ta disquette. Si l'initialisation a pris, ton Mac (intosh) soupire. Mais gaffe aux virus, ne laisse pas n'importe qui introduire sa disquette! Ça s'attrape en moins de deux, ça peut te bouffer le programme et ça ne se voit pas tout de suite. J't'envoie le vaccin. Tu le mets avant d'échanger les données. Sinon j'ai un antivirus. » On croit échapper au danger et on se retrouve en plein dedans!

N'empêche qu'on peut avoir envie de donner son numéro de téléphone, et on se retrouve en plein dans la bonne vieille télésexualité de base. Parce que, même sans minitel, nous en avons des preuves tous les jours : l'ère des télérelations triomphe.

Friqués, on s'appelle de la voiture pour se filer des frissons pendant les encombrements – au moins on ne perd pas son temps –. Fauchés, on s'appelle tard le soir, pour bénéficier du meilleur tarif, et on s'en raconte de belles : deux heures de parlote, avec son masque de beauté au concombre sur la figure, ou en pyjama à rayures au fond de son lit, ça c'est de l'amour! Fâchés, on se raccroche au nez.

Mais le mieux, c'est l'au-to-ma-tisme.

Machine appelle Machin et tombe sur son répondeur, elle lui laisse un message après le bip sonore, et Machin, quand il rentre, rappelle Machine et laisse un message après le bip sonore. Ça peut durer longtemps, on se raconte des amoureusetés très tendres ou des cochoncetés très épicées, et c'est pas fatigant. Sur son message d'accueil, Machine pond des textes à double sens que seul Machin comprend quand il appelle, pendant que, sur son appareil à lui, Machin laisse à Truc un « message personnel » (que tout le monde entend) et qui jette Machine dans des abîmes de perplexité. Les coups de fil remplacent ainsi les bons coups, à moins qu'ils ne les gâchent. En tout cas, sur le moment, on est content, on a eu son petit dialogue de sourds.

Le contact est difficile à établir dans ce temps compressé qui, en milieu citadin, gagne du terrain chaque jour. Alors on contourne l'obstacle en s'adressant à des professionnels (plus de 1 000 agences matrimoniales en France; leur nombre a doublé en dix ans). Les marieurs changent de style, les chasseurs de cœurs ne font plus seulement dans le « déprimé défavorisé ». Cadres, enseignants, hauts fonctionnaires et diplômés de tout poil, appliquant le principe cher aux battants : « pourquoi faire soi-même ce qu'on peut déléguer à des personnes compétentes? », s'adressent, de plus en plus nombreux, à des agences modèles, informatisées, « scien-ti-fi-ques »!

Ces nouveaux « conseils en relations humaines » sont capables de « refaire la vie » des plus difficiles (en Allemagne, un couple sur deux se formerait de cette manière). De la méthode que diable! L'ordinateur effectue un premier tri, les psy analysent, et pour peu que l'agence soit sérieuse, on a son échantillon de rencontres dans les six mois-un an. Ainsi l'on trouve sa moitié provisoire, ou, au moins, on se fait une idée de ce qui ne nous convient pas.

Toujours pour les contacts, il y a les petites annonces.

Elles sont aujourd'hui partout, affichant sans complexes le degré sans cesse montant de la « solitude-de-l'homme-moderne ». La méthode a ses avantages : il est incontestablement plus facile de publier une annonce à la recherche d'une fouetteuse bardée de cuir, que de réclamer le même produit à la très honorable directrice d'une agence. Si on est très schizo ou très indécis, on peut mettre plusieurs annonces d'esprit différent dans le même journal, la même semaine!

On peut tout préciser dans une petite annonce : « femme active cherche amant efficace et peu encombrant, l'art de l'Ikébana n'est pas exigé », « SOS couple : cherche empêcheuse de tourner en rond pour triangle » ou alors, plus modeste, « fumeurs s'abstenir », ou « exceptés propriétaires d'animaux domestiques ». Pas si stupide, quand on connaît les ravages du tabac et la prolifération des bébêtes de compagnie. Qui peut garantir que le chien hyper gâté ne va pas faire une crise de jalousie subite et mordre sauvagement l'amant dénudé? Ou, profitant d'un missionnaire tranquille, passer un nez humide entre ses fesses, ce qui fait craindre le pire aux hétéros stricts! Quant aux chats, on connaît leur enthousiasme pour tout ce qui bouge et on imagine avec effroi l'effet produit par la couille sautillante sur ces félins à la papatte rapide!

Quelle étrange vision de l'amour d'aujourd'hui aura l'historien qui se penchera dans quelques siècles sur les archives des journaux et des agences matrimoniales? Il y verra tous les fantasmes, manques et obsessions des partisans de l'anti-drague, de ceux qui veulent du sûr, même dans l'inconnu, des rencontres sans fioritures, du « OK d'avance » ou de l'estampillé par les spécialistes.

Mais verra-t-il aussi ceux qui continuent à chercher à mains nues, malgré les aventures éphémères et pas toujours resplendissantes, avec le corbeau du sida qui plane méchamment au-dessus des corps inconnus; ceux qui continuent à prendre des risques pour un regard un peu plus tendre que les autres, à enjamber les sages recommandations, et à se demander au réveil si ça valait vraiment la peine de risquer sa peau pour la chaleur de celle de l'autre?

Ras le bol du travail de décodage permanent, ras le bol d'être toujours paumé, de ne jamais savoir si une relation va se construire ou pas. Le temps est tellement à la parade, qu'un amant sincère a du mal à trouver de vraies étoiles sur cette piste de cirque.

« Épaule de velours » découvre en « Œil de biche » une compagne de feu, et ils s'offrent un solide festin. Épaule de velours se dit : « Youpi! voilà quelqu'un qui a compris la rythmique de la petite musique érotique... » Et la seconde nuit, il constate qu'Œil de biche s'est mise au repos, terminé, elle a montré une fois pour toutes ce qu'elle savait faire. La première fois, elle s'était exaltée parce que « ça se fait », elle avait appliqué la technique, consciencieusement, elle avait suivi le mode d'emploi, comme une bonne cuisinière, généreuse et fiable, comme une fille polie qui aurait aidé quelqu'un à traverser la rue, et puis elle s'est transformée en glaçon... Alors Épaule de velours ne pense plus qu'à ouvrir ses boosters et à se tirer à toute vitesse.

Un flash! Et toc... du toc!

Si la « parade du premier jour » se porte bien, la simulation n'est pas en reste. Après avoir essayé, pendant les « années-baise », la franchise pédagogique, « non, pas comme ça, lentement, plus bas, trop court, etc. » (terrible erreur qu'on leur reprochera au moins un demi-siècle), les femmes sont revenues à de meilleures dispositions : leurs amants sont des bons coups à tous les coups. Quant aux hommes ils se mettent, doucement, à parler de leurs plaisirs, de leurs corps, et avouent franchement employer aussi la technique du « faire semblant » qui marche toujours, paraît-il, auprès des partenaires pas trop « Commissaire Maigret » (extrêmement difficile de distinguer une humidité d'une autre). Ce serait donc la simulation partagée.

On y gagne le droit de ne pas répondre aux questions, de finir sur une bonne impression et de se quitter bons amis. S'il fallait s'expliquer chaque fois que ça ne marche pas! Personne n'est heureux mais personne n'est fâché! De toute façon, soit le cœur y est, et on se jure de mieux faire la prochaine fois, soit le cœur n'y est pas, et comme on se jure de ne pas remettre ça, ça n'a aucune importance.

De lit en lit, de drague en drague, de gadin en gadin, on cherche quoi sinon la brèche dans le béton ambiant, la tendresse, l'affection, la compréhension... le petit coup de lumière? Mais les sentiments bafouillent. Je... Je te... Tu me... Je t'... J... euh... Tu... Tu...

On n'est jamais assez parano.

Le danger est partout : LES HOMMES À FEMMES, par exemple. Ils emballent, embobinent et embrouillent leurs conquêtes avant qu'elles aient eu le temps de les voir venir. Un peu de plaisir et beaucoup d'emmerdes en perspective. On se trompe en les choisissant, très vite on est trompé, puis on admet qu'on s'était trompé. On commence à connaître la chanson. Et voilà qu'en plus, ils sont peut-être « porteurs » du sida. Non, non, pas d'hommes à femmes.

Oui, mais ceux qui ne sont pas hommes à femmes sont louches.

Soit c'est des égoïstes, incapables de s'intéresser à quelqu'un d'autre qu'à eux-mêmes, radoteurs et maniaques, non merci! Soit ils sont adorables, beaux, gentils, bandants, mais... ILS SONT PRIS! On serait prêtes à oublier tous nos principes (ne jamais coucher avec un marié, ça lui apprendra!) mais rien du tout! Ils nous jettent des yeux de poisson échoué sur le sable, nous envoient des œillades à la Marlon Brando quand il avait encore forme humaine, et finissent par nous dire, alors qu'on ne leur avait rien demandé « je ne trompe jamais ma femme », avec la tête de quelqu'un qui ne pense qu'à ça. En fait, ils ne mentent pas, car ils la trompent si mal que ça ne compte pas vraiment. Ils se déshabillent, font quelques mouvements et se rhabillent, gardant pour elle le peu de confiance que, dans la jungle professionnelle où ils évoluent, ils ont réussi à sauver... On avait bien raison de se méfier!

Si les amants possibles ne sont ni déjà pris, ni « attention, c'est moi, j'arrive, je suis le centre du monde », ni hommes-à-femmes... c'est louche. Peut-être sont-ils HOMMES À HOMMES? Ou bi!? Catastrophe! Ça, on ne peut plus se le permettre. Pas de bi!! Ou alors il faut exiger un certificat de non-contamination! Très encourageant! Ou un préservatif. Oui, c'est ça. D'ailleurs, on en a dans son sac. Toujours. Au cas où. On pourrait le montrer pour expliquer qu'on voudrait bien l'utiliser comme jeu érotique, au moment crucial... Mais il faudrait de l'humour, du culot et du talent pour faire entrer LE PRÉSERVATIF dans les jeux de la séduction et, apparemment, les Français en manquent (pourtant la jarretelle, elle aussi, n'est jamais qu'un bout de caoutchouc).

Si le rejet systématique du condom est directement proportionnel à l'immaturité des individus, notre légende de pays des idées mérite de s'effondrer. En Europe, ce sont les Français qui s'adaptent le moins bien à la capote. Pourquoi? Parce qu'elle évoque l'avant-guerre papi-mamie « quand on baisait si maaaal », juste par devoir ou pour faire des enfants. Rédhibitoire! Mais il y a pire : on a entendu des hommes prétendre que l'utilisation du préservatif empêchait leur partenaire de sentir le jet puissant de leur semence. Incroyable mais français! Il faut une méconnaissance assidue de la sexualité féminine pour se lancer dans de pareilles interprétations. Ce refus du safe-sex nourrit bien la guerre de la méfiance.

En effet, si chez les hétéros le sida n'a pas réellement créé de nouveaux comportements, il a cristallisé les angoisses. Puritanisme et grande peur du sexe se sont déguisés sans changer sur le fond. Ce n'est pas parce qu'on a peur de l'autre qu'on ne sort pas de chez soi, mais « parce qu'on joue avec sa messagerie ». Ce n'est plus « par peur de l'enfer » qu'on ne fait pas l'amour, mais parce qu'on « n'a pas le temps » ou bien qu'on « n'y croit plus ». Et puis quand on n'a plus d'argument rationnel, plus d'excuse à ses craintes, c'est « à cause du sida »...

Alors, le compte est bon : Souvenir des tempêtes + Difficulté à communiquer + Pas le temps de se connaître avant de se déshabiller + Sida = Pas facile de s'envoyer en l'air sans retomber sur le nez!

Les aventures sont moins dangereuses pour les couples officiels. Ils ne font pas partie de la population à risques, et quand ils se rencontrent entre infidèles, ils se précisent une fois pour toutes qu'ils ne quitteront jamais leur régulier. Rassurés, ils peuvent tomber amoureux en toute tranquillité : ça ne les engage (et surtout ça ne les désengage) à rien.

Si on a vraiment envie de se caser on peut jeter son dévolu sur un « père abandonné » : occupé par sa progéniture, l'homme, relativement « stabilisé », sera reconnaissant à la nouvelle venue de jouer à la maman. Pour un homme, choisir une mère célibataire a aussi ses charmes : le foyer est bien organisé, suffit de se glisser dans le nid, l'air de rien. L'important c'est que le gamin vous accepte, et au boulot! Faut du chaaaaarme. Du temps. Tous ces talents qu'on aimerait déployer pour le fameux « monoparent » vont à l'enfant, pendant que l'autre observe.

Ça, c'est une séduction nouvelle!

Si on n'est pas branché enfants, on peut se fixer des objectifs « culturels ».

La théorie des « traces » est très utile quand la durée n'est plus une valeur; OK on n'a pas vécu avec lui, OK ça n'a pas duré très longtemps, mais ça a laissé des traces! Dimitri m'a fait connaître Kundera, Otto m'a mise à la danse africaine, Léontine m'a traîné jusqu'au Japon, Francine m'a fait potasser les ouvrages les plus pointus sur la mécanique quantique! C'est toujours ça de pris! Cocher la page avant de la tourner est une chose essentielle. Regain d'énergie : les amours passent, la culture reste. Quand on sera bien vieux on ne se souviendra peut-être pas du nom de toutes ses amours, mais de tout ce que, par amour, on aura fait l'effort de découvrir.

Moins ambitieux mais extrêmement efficace et très bon pour la santé physique et mentale, le rire reste infaillible. Rire et faire rire en cette époque troublée, vaut une cure de remise en forme. Faire l'humour est encore ce que les humains ont trouvé de mieux pour se séduire. La voiture? Les femmes s'en foutent (d'après la SOFRES, 52 % la considèrent comme un simple moyen de transport, et une grande majorité préféreraient une balade romantique en 4 × 4 ou en petite Golf plutôt qu'en Rolls ou en Ferrari, qu'on se le dise!). Le fric non plus n'est pas un atout aussi important que le prétendent les films et les pubs, en tout cas pour les femmes nouvelles, celles qui gagnent leur vie.

Ce qui compte pour elles, c'est de trouver du bon du chaud du tendre. Le reste, ça n'existe pas à côté du grand chambardement : le plaisir. Et en route pour le chapitre des voluptés.

LE FANTASME DU HAREM...

C'est vieux comme Hérode, connu comme le loup blanc : beaucoup d'hommes voudraient toutes les femmes, enfin, au moins plusieurs. Qu'ils cessent d'envier les sultans orientaux et se réjouissent de vivre en Occident.

Le harem occidental contemporain est beaucoup plus simple, économique et confortable que le harem oriental. Le sultan, chez nous, n'a pas besoin de loger ses trois ou quatre maîtresses, il n'est pas tenu de pourvoir à leurs besoins et les voisins ne se foutent pas de sa gueule si celles-ci ne sont pas assez bien habillées. Son sentiment de propriété est renforcé par le fait que ses femmes l'attendent gratuitement et volontairement, *aux quatre coins de la ville, en lui préparant des surprises et des cadeaux pour le fêter quand il arrive, dans l'espoir qu'il viendra plus souvent.*

Comme ses demoiselles ne se connaissent pas entre elles, le sultan occidental ne court aucun risque de coalition contre lui ou de comparaisons sur ses exploits érotiques; du coup : pas besoin de payer des eunuques pour surveiller tout le monde! Tandis que pour le sultan oriental, un faux pas, une mutinerie au gynécée, et c'est la pine frite!

Enfin, le sultan occidental est libre : quand l'une de ses femmes ne lui plaît plus, il la quitte, alors que le pauvre Oriental, lui, est obligé de subvenir aux besoins de toutes, même de celles qui ne lui plaisent plus.

LE VIOL DU COMPTABLE

Combien de fois un homme rencontre-t-il une gaillarde dans un ascenseur sans savoir qu'elle se dit « tiens je lui arracherais volontiers la cravate » ou « je vais lui épiler les boutons du gilet un par un »?

Un des fantasmes féminins les plus répandus est en effet celui du « Viol du comptable. »

Le comptable joue pour les femmes le rôle érotique de la vierge pour les mâles. Elles se le représentent légèrement chauve, habillé d'un complet veston bleu sombre, en lambeaux, immobilisé à la pince à linge sur une planche à repasser. Il regarde sa violeuse, les yeux exorbités de terreur, pendant qu'elle déchire son attaché-case et utilise le tampon encreur pour lui faire des bleus partout avant de lui porter les derniers outrages.

Plaisir : le grand orchestre des voluptés

Le plaisir, ça ne se commande pas, ça a ses humeurs, faut avoir le temps ou l'envie d'ouvrir toutes les fenêtres, de laisser s'envoler les oiseaux des cages, de laisser partir les poissons des aquariums. On voit le coéquipier en panavision, on l'entend en THX, on le renifle en sous-bois printanier, on le touche en pure soie des Indes, on le goûte en chocolat fondant... et... Ouaouh! Altitude 15 000 pieds, vitesse Mach 2, on n'est plus là pour personne, on serait incapable de dire comment on s'appelle à l'inspecteur des impôts! Le fonctionnaire a oublié sa fonction, la secrétaire son secrétariat et le cadre ses tableaux, on fait faire dodo à toutes les pensées inutiles, c'est le degré le plus zen des individus, même de ceux qui ne le sont pas du tout. Le corps perd la tête et la tête prend son pied. Dans ce renversement, nous devenons enfin cohérents, chaque chose à sa place, au mieux de notre peau. C'est l'éveil d'un sixième sens qui aurait satisfait les cinq autres. Vérification après atterrissage :

oui, en effet, le visage est repassé. Merci petit peton!

Pour cette extase, cette concordance des conjugaisons, aucune logique logique n'a jamais prouvé son efficacité. Mais l'on peut « avec volontiers » ne pas oublier l'enthousiasme, la décontraction et surtout être là, et bien là, pas ailleurs. Ah! la décontraction. Pendant des années on a cru qu'il suffirait de se « décoincer » pour que le plaisir recouvre d'un drap de soie les misères des relations humaines, et on s'est appliqué. Nous fûmes des lovers consciencieux, nous en fîmes parfois un peu trop, mais le projet était honnête : la terre promise était au bout des sens.

Vinrent les années pédagogiques où les cours d'éducation sexuelle tout niveau émaillaient journaux et conversations. Des planches d'anatomie détaillées ont mis des points sur les i des clitoris et dessiné des cercles plus ou moins controversés autour du point G. Des professionnels de l'extase ont déclaré officiellement libres et gratuites les pratiques bucco-génitales, des spécialistes ont donné aux « amants golfeurs » des leçons de préliminaires, et conseillé aux femmes gourmandes des exercices musculaires miraculeux susceptibles de prolonger leurs orgasmes. On a rangé les jouissances par catégories, disserté sur les femmes fontaines et l'irréfutable différence entre l'orgasme masculin et l'éjaculation. On a révélé les mystères chimiques du plaisir et ses euphorisants magiques, capables de remédier aux désordres organiques les plus étranges.

Bref, après cette vulgarisation de la haute technique, on estimait qu'une bonne tranche de la population avait atteint le niveau baccalauréat du plaisir. Ouf! Puis, toutes ces « choses-là » s'accommodant bien mal d'un programme, on s'est rendu compte que rien n'était résolu : on pouvait revenir au désordre. On redécouvrait l'amour flou et le plaisir équilibriste.

Rien n'aurait donc changé?

Mais si, mais si, que les mauvaises langues se chagrinent : même si le grand hymne au sexe a été mis en sourdine par l'arrivée de la crise et du sida, le changement est essentiel. La liberté sexuelle est acquise et le droit au plaisir comme on veut-quand on veut est passé dans les normes. Du moment qu'on ne dérange pas les autres, on est responsable de la qualité de ses jouissances.

Évidemment on n'est plus à l'abri d'aucune surprise, les partenaires ont des désirs imprévus, et il faut être prêt à parer à toute éventualité.

On est tranquillement en train de faire l'amour, et on entend soudain « fais-moi tout ce que tu veux ». C'est le seau d'eau froide qui nous tombe sur la tête : « Ciel, que devrais-je avoir envie de lui faire, là, maintenant? Il (elle) voudrait sûrement un truc vachement spécial, sinon il (elle) ne me le demanderait pas ça avec cette tête-là. »

Don't panic! Le « fais-moi tout ce que tu veux » n'est, le plus souvent, qu'une invitation à se laisser aller... Et quand il signifie « fais-moi ce que je veux que tu me fasses et que je n'ose pas te demander... », c'est l'occasion de faire autre chose. C'est le jeu du CACHE-CACHE PHALLIQUE. On peut s'y amuser ou s'y décourager. On peut aussi s'y découvrir. L'imagination est au lit.

Plus de parcours fléché pour atteindre le point d'orgue. On sait bien que le pire n'est pas la maladresse mais l'absence de regard qui crée cette maladresse, ou la volonté de prendre son plaisir malgré l'autre. C'est noté docteur, mais qui n'est jamais resté sérieux alors qu'il voulait jouer le jeu? Qui n'est jamais devenu pesant alors qu'il aurait tant aimé être léger... Qui n'a jamais trouvé son plaisir par inadvertance? Non, non décidément, tout ça ne fonde pas une théorie!

On finit par le savoir, les partenaires idéaux n'existent pas : on les voudrait propres mais pas trop, élégants mais pas trop, actifs mais pas trop, sûrs d'eux mais pas trop, beaux mais pas trop. Mais il nous les faut aussi débordants, sinon c'est pas marrant! En fait on ne sait pas comment on les voudrait, puis on accroche son désir à un petit détail auquel on n'avait pas pensé. Allez y comprendre quelque chose! L'érotisme passe surtout par l'accroc, la différence, le jamais-vu, ou la manière tellement personnelle de faire du déjà-vu!

Le premier jour on ne supporte pas sa façon de

nous appeler « mon ange », on trouve ça « trop con! ». Une semaine plus tard, on devient écrevisse chaque fois que le mot « ange » est prononcé. C'est tout le charme du plaisir : il sait si bien être approximatif.

Pas la peine, en tous cas, d'en rajouter sur le pomponnage; s'en tenir à la propreté est plus sûr, se laver les dents « juste » avant n'est pas forcément érotique, sentir la savonnette est parfois débandant, et les antiperspirants qui laissent la langue à moitié anesthésiée découragent les meilleures intentions! Quant au maquillage, on connaît ses inconvénients : Frédégond dîne avec une poupée peinte comme une icône et se réveille à côté d'un désastre barbouillé, œil au beurre noir, rouge à lèvres au menton. Heureusement, la coquetterie a peu touché le sexe féminin et encore moins celui des hommes. Inutile aussi de se lever au milieu des ébats pour se raser, ça pique peut-être, mais c'est la vie.

De toute façon, quand on est amoureux, la brioche se transforme en poignée d'amour, et la barbe naissante en feu de joie!

La baise décharge, l'amour recharge et, selon le rapport Hite américain, 24 % des femmes seraient persuadées de commettre une erreur lorsqu'elles ont des rapports sexuels hors amour. Sauf que patatras, justement... Jouir avec un quelqu'un que l'on connaît à peine et qui nous plaît, c'est pas trop difficile. Mais jouir avec quelqu'un qu'on est à la lisière d'aimer, c'est beaucoup plus impressionnant. « Le sommeil n'est pas maître des paupières, ni l'amour de la volupté » (proverbe arabe)... Au fond, tant mieux, l'amour n'est pas l'école, le lit un tableau noir, et la grande cavalcade un concours de saut pour la sélection olympique.

Baiser ou faire l'amour?

Les deux, mon commandant! D'ailleurs on ne sait pas toujours ce que l'autre est en train de faire avec nous! Pour répondre, il faudrait abandonner subtilement son partenaire au beau milieu des ébats amoureux, demander à un voisin, un passant, ou même un comédien de talent de prendre notre place... Si le partenaire ne fait pas la différence, c'est qu'il était en train de baiser. Mais attention, cela n'est pas rédhibitoire : si l'on était en train de faire la même chose, ça peut être formidable. L'important, c'est d'être d'accord.

D'autant qu'on peut toujours compter sur la bonne surprise.

La nature est décidément bien faite, et rien ne la décourage. On mesure 1,50 m, on voit un géant, on se dit « c'est pas possible, il est tellement grand, je n'y arriverai jamais », et on y arrive. On mesure 1,90 m, on voit une Japonaise miniaturisée d'1,45 m, on se dit « je ne me rendrai même pas compte qu'elle est là », et on s'en rend si bien compte! Merveilleuse aptitude de l'espèce humaine à faire des galipettes avec des partenaires de toutes tailles, couleurs ou morphologie.

Et puis il y a les « glissades ».

On n'a pas eu le flash, on s'est déshabillé en traînant des pieds, et tout à coup c'est la folie. Pourquoi? Mystère. On plonge, on se fait des trucs incroyables. Combat de gladiateurs dans les arènes du Colisée, descente de l'Orénoque en radeau de la Méduse, on ne se serait jamais cru capable de ça... Et puis fini! Une dame un peu gênée se retrouve toute nue devant un type tout nu un peu gêné, ils sont couverts de foutre et de griffures, épuisés, éclatés, perplexes... « Heu... On se rappelle?... » « Au fait, c'est quoi votre nom... » Ah! la glissade, voilà une bonne surprise! Faut pas se fier aux apparences, du plus tiède tête-à-tête peut jaillir un grand feu. Petits et grands moments de tendresse, rencontres au sommet, éblouissements, bonne humeur, tout est bon du moment que c'est bon!... On est libres.

Et cette liberté-là, pur positif en arrivage direct des années baise-and-love, a permis aux 30-50 ans d'accumuler de l'expérience, qui est au plaisir une polyvitamine extrêmement efficace. Pour bien s'envoyer en l'air, il faut avoir son trousseau de clés personnel : une fois qu'une porte est ouverte, qu'un stade de plénitude est atteint, on sait qu'on pourra le retrouver. Plus on a joui, plus on jouit facilement...

Pour le pied, d'ailleurs, la rencontre du tenon et de la mortaise n'est pas obligatoire.

Le plaisir, c'est aussi de s'endormir « en cuillères » ou dans la « position de la chaise » (en variant les figures : la cuillère qui ramasse l'autre fera, la fois suivante, la chaise du dessus), de se raconter des imbécillités, de se donner des noms d'animaux complètement crétins, « ma chatte, mon biquet, mon minou... », de bouquiner côte à côte, de s'offrir des petits déjeuners au lit, de se faire des câlins sans orgasmes, PAS TOUS LES JOURS mais quand même, on n'est pas « obligés de jouir » à tous les coups. Pour les délices de l'intimité, l'important c'est de faire confiance et d'inspirer confiance : sans cette précieuse sécurité, les gens ne sont que des mouvements et des bruits qui se consomment les uns les autres avec plus ou moins de talent. On devrait inscrire la confiance au RMI affectif. En ces années prudentes, il semble plus facile d'abandonner quelqu'un que de s'abandonner à lui. Étrange ambiguïté de l'expression « l'abandon de l'amour »...

Pourtant quoi de plus savoureux que de se laisser aller dans un demi-sommeil au baiser du prince charmant? A quel moment a-t-on rêvé? Avant, après, pendant? Et la nuit apparaît comme une grande parenthèse autour d'un bonheur doux et mystérieux.

On a le droit aussi, sans payer d'amende à la collectivité, de se sauter bien réveillés, entre deux rendez-vous, en vitesse, debout dans l'entrée, juste avant de sortir, alors qu'on vient de mettre son chapeau, et partir tout décoiffé dans la rue. Quant à la baignoire, tout le monde a essayé, beaucoup y ont renoncé, ça glisse, c'est pas commode du tout, ça déborde pour un oui ou pour un non,.. Mais tant mieux pour les équilibristes qui y trouvent des pieds à leur pointure.

De toute façon, le plaisir requiert une certaine souplesse.

Pour l'opération de bobinage magnétique qu'est le 69, par exemple, les genoux, les coudes, les épaules se rebellent pour un rien. Il suffit de ne pas être tout à fait sur la même vague, de s'abstraire un instant de la situation pour la visualiser, et tout se détraque. On se prend des coups de coudes, on s'étouffe, et on panique vite avant d'atteindre le but escompté.

Les individus moins physiques et plus cérébraux, préférant s'en tenir aux fantasmes classiques, ont à leur disposition, dans n'importe quel sex-shop, des objets extrêmement utiles. On peut trouver des vêtements qui se déchirent facilement pour ceux qui aiment arracher les culottes en poussant des cris de Tarzan, ou s'offrir, pour l'anniversaire de mariage, une parfaite tenue sadomaso cuir. On la choisit sur catalogue, ou on va avec son mari en essayer quelques-unes. Tout cela est pratique et évite bien des soucis. Fini le temps navrant où il fallait bricoler soi-même ses instruments de torture faute de les trouver en magasin : le sadique peut acheter pour son maso une paire de menottes rembourrées. Parce qu'il ne s'agit pas de faire mal aux gens sans le faire exprès! Un coup de marteau sur un doigt oui, c'est bandant, mais que le marteau tombe malencontreusement sur un doigt, non, ça fait débander.

Dans le grand supermarché des plaisirs d'aujourd'hui, l'industrie du sexe propose des aides non subventionnées aux « peine-à-jouir » : lubrifiants, godemichets, aphrodisiaques, etc. Ce que l'on considérait, il y a quelques dizaines d'années, comme des perversions, prend figure de banalités. Sados, masos et autres partouzeurs ne font plus peur à personne (surtout qu'avec le sida, on partouze prudent dans des clubs très privés, ou avec des gens qu'on connaît bien), chacun son truc. D'ailleurs tout est permis pourvu que la position ait été vue à la télé.

On fait avec sa femme ce qu'on faisait seulement avec une pute (dont la fréquentation est devenue « délicate »). Faire l'amour en regardant la télé d'un œil est désormais un classique des plus innocents, alors que, jadis, se masturber en présence de sa compagne en lisant des textes érotiques était réservé aux illégitimes décadents ou aux poètes underground. Qui aurait encore l'idée d'enfermer Sade à la Bastille?

Mais les fantasmes « traditionnels » ne doivent pas nous faire oublier les joies subtiles des amours aquatiques.

LA FORCE TRANQUILLE DU BON COUP

Bon coup du soir, espoir. Trop d'espoir peut-être...

Oui, les femmes sont des chiennes et bien sûr qu'on les tient par la queue! Les plus enthousiastes sont prêtes à manifester (masquées) entre la colonne de la Bastille et l'Obélisque, symboles phalliques obligent, pour le faire savoir, et qu'ON ARRÊTE DE CHIPOTER SUR CE POINT!

Au royaume des femmes, l'amant gourmand et sensuel est roi, mais hélas il est rare. Résultat, elles vont toutes au même... Qu'est-ce qu'il a de plus que les autres, celui-là? Il aime VRAIMENT ça et... il y met la forme. Un brin de gentillesse, un zeste de bonne humeur, et la bonne idée de faire sentir à la demoiselle que le moment qu'il passe avec elle, pour rien au monde il n'aurait envie de le passer ailleurs...

Il est temps d'informer les baiseurs luxuriants que, s'ils étaient juste un peu plus nombreux, les femmes s'accrocheraient sans doute moins à leurs basques... Que voulez-vous, dès qu'elles trouvent ça bon, elles aimeraient que ça recommence tous les jours! La reconnaissance du ventre serait-elle strictement féminine?

Ah! la tiédeur de la vaguelette du lagon, ah! la douceur du ressac, ah! le balancement de la barque sur une mer d'huile... Attention pourtant : un brin de vigueur ne fait pas de mal! Les femmes sont costaudes, tout ce qu'elles portent dans une journée en est la preuve : les enfants qu'elles hissent, les kilomètres qu'elles parcourent... Alors, un peu de « présence » ne les effraie pas [*voir encadré*].

Difficile pour les hommes de s'y retrouver, entre la robustesse qu'on attend d'eux et la douceur qu'une génération de femmes osant enfin s'exprimer leur a enseignée. Beaucoup d'entre eux sont passés sous le rouleau compresseur. Gentils bonshommes qui veulent bien faire et n'ont plus aucune confiance en leurs instincts mâles. Enfants, ils regardaient avec attention les débats télévisés en se disant qu'ils ne seraient pas « comme les machos »... quinze ans plus tard, ce sont eux qui, après l'amour, prononcent le fatal : « c'était bien? ». Moins polis ils lâcheraient un : « mais dis-le que t'as pas joui, meerde! », et encore moins polis et moins contents ils iraient jusqu'à : « t'es jamais contente! Toujours à cause du travailleur! ».

Faut dire qu'il n'a peut-être pas tort de rouspéter le travailleur, parce que côté orgasme, la responsabilité lui retombe encore sur le nez...

Libérées ou pas, si « ça ne marche pas » les femmes considèrent encore trop souvent que c'est la faute à d'Artagnan, vu que c'est lui qui a l'épée!

Plus actives dans le travail, et dans la séduction, toujours actives à la maison, les femmes font un retour à la passivité sexuelle... après une journée de boulot, finalement, c'est commode. Pourtant, remember, un bon petit sens dessus-dessous de temps en temps ne fait de mal à personne.

L'amour ne supporte plus la flemme. Il est par-ti-ci-pa-tif.

Même quand le désir s'est usé, à l'intérieur des « vieux » couples (au-delà des sept ans de réflexion nécessaires au cycle d'études complet, à la pratique omnisports et à tous les perfectionnements), on peut encore éprouver des plaisirs somptueux; il suffit d'avoir bonne mémoire... enjamber sa paresse, « s'y mettre »... et une fois que c'est parti, c'est parti, et souvent si bien! On connaît les caprices de l'autre, ses apéritifs, ses desserts favoris, et il connaît les nôtres. Avec la tranquille impudeur que seul le temps permet d'atteindre, on peut même s'améliorer et découvrir ensemble ses secrets si secrets qu'on les ignorait jusque-là.

L'amour est bon par les temps qui courent.

En gros, passée la période indispensable de l'observation, et malgré les blocages qui n'ont pas disparu, on est en général d'accord sur un point : on est là pour se faire du bien. Et si le plaisir se fait tirer l'oreille, on peut en parler avec plus de facilité. Les mots mêmes ne sont plus assimilés au péché ou au vice... D'une certaine façon, on a pris le pouvoir sur son plaisir, on sait que c'est possible, et qu'à deux on peut y arriver. Au début on ne parlait pas de la joie mais de l'action (coucher, baiser, prendre, mettre). Maintenant, on parle d'un décollage, on s'envoie en l'air, on s'éclate, on s'explose. C'est une des beautés de l'amour nouveau : on attend de lui des sensations agréables et cet espoir augmente les chances de réussir.

Le bonheur, même fugitif, ne tient qu'à la qualité des rencontres que nous nous octroyons, le paradis est dans nos corps, à nous de faire en sorte qu'il ne soit pas interdit.

CLITOGIN

Baptisé bien des fois, craquette, con, abricot, figue, moule ou millefeuille, minou, chatte, coquette, bénitier ou grippette, en passant par ce néant, ce trou, cette absence, ce vertige... chaque clitogin (clitoris-vagin) a son gazon bien à lui et son sourire aux lèvres.

Fruit discret aimant l'humidité des sous-bois et l'ombre des branchages, il se laisse cueillir sans déployer la moindre épine ni montrer la moindre dent.

Moins apprécié par les hommes, selon les sondages, que les dessous (sic!), eux-mêmes moins excitants que les seins, les cuisses, la bouche, les fesses et les regards... le berlingot féminin a perdu ses attraits dans les froufrous de ses emballages.

Que celles qui croyaient incarner le beau sexe se détrompent.

PHANIS

Affublé de bien des noms, de la zigounette, quéquette, petit robinet, zob, pine, paf, queue, tringle, manche, biroute, à l'anguille de caleçon, braquemart, chipolata, en passant par « cet arbre qui se dresse », l'arbre de vie, la colonne, etc., chaque phanis (phallus-pénis) a sa propre physionomie, son petit air penché ou ses grains de beauté...

Petit serpent mignon qui n'a pas d'yeux pour voir, laisse toujours les autres parler à sa place, ne se plaint jamais, qu'on fourre n'importe où et qu'on emprisonne sans procès, il ne signe jamais aucune pétition.

Il mériterait probablement mieux que les slips kangourous et autres caleçons à fraises dans lesquels on l'emballe. Seuls quelques raffinés l'entourent d'un anneau d'or ou d'argent pour le décor et le renfort de sensations. Les champions de la coquetterie sont les joueurs de football américain qui portent une sorte de pubis métallique posé sur leur zizi en guise de protection.

D'après les sondages, au hit-parade du corps masculin, les femmes placent la verge en troisième position, juste après la poitrine et les yeux et juste avant la voix et la bouche. Pourtant les hommes disent qu'elles ne les complimentent pas assez sur leur service trois-pièces.

LE GRAND ERG AMOUREUX
ET SES OASIS

Érigé en valeur suprême par les Hippies, sacré religion sous le règne baba, le sexe n'aura-t-il été qu'une star éphémère, rendue aujourd'hui à sa marginalité et à son fan-club d'irréductibles jouisseurs?

L'amour sensuel n'a plus la cote à la bourse des modes, et ceux-là même qui le portèrent aux nues ont changé d'humeur et de titre : « C'est la panne des sens! La baise baisse, calme plat sur le Mont de Vénus, le phallus met son bonnet de nuit... »

Allons, allons, pas d'affolement!

Nous sommes peut-être en période d'austérité des sens, mais si beaucoup s'en plaignent, d'autres s'en accommodent et parfois même s'en félicitent. C'est l'aspect le plus neuf de l'Amour Nouveau : une quantité croissante d'individus réclament la tranquillité. Nous sommes au temps du DROIT À L'INDIFFÉRENCE. *Après « Libérons le sexe », « Libérons-nous du sexe ».*

Bye-bye la religion d'État et le culte du cul!

Le plaisir n'est plus l'unique Dieu. On se conduit

vis-à-vis de lui comme vis-à-vis de n'importe quelle religion : il y a les croyants (pratiquants ou non), les athées (à qui il arrive quand même de faire de belles crises de foi), et... les excommuniés, délaissés-désolés qui se demandent, ébahis, ce que sont devenus les représentants de l'autre sexe. Enfin il y a les polythéistes, qui s'offrent par-ci, par-là, des « vacances sexuelles ». Peace et Love ne font pas toujours bon ménage : « Trop de sentiments, trop de salades, ça prend la tête! » On s'offre un brin de vertu et du temps rien qu'à soi. On souffle un peu!

Pendant cette sieste, on regarde les belles images où des modèles de beauté et de jeunesse exhibent leur corps et prétendent faire un amour que nous n'avons plus le temps ou le goût de pratiquer.

Abstinence et compensations : l'eau fraîche sans amour

Aujourd'hui chacun a D'ABORD son destin individuel et professionnel à accomplir. On ne conduit plus sa vie en fonction de son épanouissement amoureux, on ne renonce plus à une carrière pour Jules ou Juliette. Les valeurs se suivent et ne se ressemblent pas, Tapie a remplacé Hendrix et Gomez a chassé Joplin, c'est la dure loi du rock and roll.

Fini aussi le temps où le moindre froncement de sourcils, le moindre éternuement, le moindre mouvement d'humeur étaient pris pour des preuves irréfutables de frustration! La psychanalyse qui « sexualisait » chaque stade du développement individuel partage maintenant le terrain avec le biologique et le physiologique.

De plus en plus nombreux sont les hommes et les femmes qui vous racontent, sans aucun complexe, qu'ils n'ont pas fait l'amour depuis des mois. Même les stars s'y mettent et c'est à qui avouera publiquement les meilleurs scores d'abstinence. Un extraterrestre connaissant les traditions des latins-lovers y perdrait ses antennes et s'y emmêlerait les testeurs!

Mais plus encore que dans la chasteté elle-même (sans doute pas supérieure à celle des générations précédentes), la nouveauté est dans le bruit qu'on fait autour d'elle. Normal : la génération-baise (aujourd'hui au pouvoir) atteint les âges où la navigation tout terrain est moins facile à pratiquer. Après avoir prôné et pratiqué toutes les jouissances, prolongé son adolescence gourmande aussi longtemps que possible, elle découvre soudain que son refus des « arrangements » a engendré une vague de comportements monastiques! Plus stupéfiant encore : tous les abstinents ne pensent pas qu'à « ça » et beaucoup sont devenus vertueux parce que faire l'amour ne les passionne plus! Que faire?

Transférer l'intérêt pour sa sexualité sur sa non-sexualité.

Pourtant, que ceux dont les rêves ne furent jamais « étranges et pénétrants » osent prétendre le contraire : excepté dans les monastères, peu d'individus inscrivent dès la naissance la chasteté à leur programme de réjouissance! Les enfants restent avides de découvrir le secret de la « grande différence », et les adolescents dépensent toujours une énergie colossale à tenter la fusion. Donc, on ne naît pas abstinent, on le devient : surmenage, manque d'appétit, méfiance ou distraction... un jour, deux jours...

Tiens, deux mois déjà?!

Et l'amour dans tout ça?

On pourrait faire l'amour SI ON VOULAIT, mais fort (ou fragile) d'une longue expérience d'aventures chaotiques et extravagantes, on est devenu E-XI-GEANT. Trop ceci, pas assez cela, non, décidément, on ne supporte plus l'approximatif. « Et puis d'ailleurs est-ce si bon que ça? » En quelques années de navigation amoureuse, on a trop souvent dû sortir les pagaies! Non et non, on ne va pas se remettre à galérer, on a assez donné! Entre deux comptages de moutons, on se raconte la rupture la plus traumatisante avec le n° 1 au Top 50 de nos orgasmes qui a trahi en beauté, enfin, en mocheté. Une fin nulle, imbécile, mesquine, dérisoire, du lovicide pur en aérosol, de quoi faire un trou géant et définitif dans la couche d'ozone des sentiments... On n'a plus que des chèques en bois sur son compte tendresse. Alors, ceinture, œillères et droit devant!

Deux mois, six mois, neuf mois...

Être seul maître à bord! Ne plus se laisser marcher sur les plates-bandes. Dites, celui ou celle qui vous réjouit le corps, il prend un sacré pouvoir!... Et s'il ne vous réjouit ni le corps ni le cœur, à quoi ça sert, franchement!?... Évidemment, si on se met à raisonner, on ne s'en sort pas : « Si c'est pas bien, ça va me décourager définitivement, pas question! Tant qu'à avoir attendu, il faut du vrai, du sûr, comme dans les films avec Harrisson Ford... » « Oui, mais si c'est du tout bon, c'est pire, je vais avoir envie de recommencer! » Et ça, c'est horrible, car l'absence de quelqu'un qu'on désire est si pénible que même un décodeur *Canal* + ne peut nous en consoler... Ciel, mon somnif!

Finies les drogues à jouir, vive les drogues à dormir. Ne plus souffrir, ne plus souffrir, surtout! L'amour est une migraine tenace : son aspirine le « J'suis tranquille... ».

Neuf mois... un an...

Et si par hasard la frousse de tomber dans la cocotte-minute amoureuse avait un petit coup de faiblesse, elle est relayée par celle du grand virus malin, caché on ne sait où, et dont un ou une amie, au minimum une connaissance d'une connaissance, est mort. Mieux vaut se préserver, bien qu'aucun préservatif ne puisse quoique ce soit contre l'enchevêtrement subtil des dangers réels et imaginaires.

Un an... deux ans... deux ans, déjà?!!

C'est ainsi qu'après avoir tant aimé, ou tant craint, on se retrouve dur et sec comme les héros des séries TV cynico-américaines.

Surtout, que les couples ne soient pas jaloux, il y en a pour tout le monde!

L'abstinence s'épanouit parfaitement à l'intérieur des ménages. Même sans adultère à l'horizon, le devoir conjugal se conjugue souvent mal. Allez, un petit effort! « Chéri(e), d'après *Sexy folies,* nous sommes très en dessous de la moyenne nationale, je sais bien que les gens se vantent volontiers (d'après un sondage N.O. SOFRES de 1985, 60 % des

Français disent faire l'amour une fois par semaine et plus, 7 % tous les jours), n'empêche : faudrait peut-être songer à prendre des mesures... érotiques... tu crois pas? » Mais après dix heures de travail et deux heures de transport, le missionnaire lui-même est à peine abordable...

Notre civilisation, parfaitement parfaite, aurait-elle oublié le détail sensuel?

Dans une société fondée sur le « fonctionnement », où les voitures démarrent même en hiver, où les fours cuisent plus vite que leur ombre, où les avions volent plus vite que le son, l'amour échapperait-il au génie technologique? Trop fragile, cette bête-là ne supporterait pas la pollution de la vie moderne?! Ce serait ça, la grande catastrophe écologique des humains, pluie acide sur les forêts citadines, grande avancée des déserts sentimentaux, incurable cancer des relations, un cocktail infaillible composé d'un tiers de solitude, un tiers de manque, un tiers d'indifférence?

Mais non, mais non! Honte à ceux qui doutent de la « civilisation des loisirs ». Mano a mano avec la « société de consommation » elle a retenu la leçon de Pascal « se distraire n'est pas un remède, mais un masque efficace », et les techniques ne manquent pas pour fournir tous les placebos sensualo-émotionnels. Bien sûr, il arrive encore qu'on détecte, chez le chaste, une nette tendance à serrer les jambes comme des pinces étau, chewingumer, téter-clopes, biberonner et somniférer, mais c'est, disons, la partie visible de l'iceberg. Pour la partie cachée, nous sommes les plus malins : abstinents passe encore, frustrés plutôt mourir! Alors, on PO-SITIVE!

Le plus positif dans nos sociétés marchandes, étant, bien entendu, de bosser comme un dingue.

C'est bien connu, le Yuppie baise avec son job (la Yupette aussi!), et si les battants prennent leur pied, ce n'est pas dans un lit. Étonnante permutation des valeurs : on « gère » ses sentiments mais on « craque » pour des actions. On « bande dur » pour une promotion, on « pénètre » le marché, on « baise » la concurrence, on a « une ouverture » plus ou moins grande, on fait « jouir » ses clients et on connaît la petite mort pendant le crash boursier. Boulot ou dodo, il faut choisir! L'âge du faire est avancé, et nous aurons toute la retraite et tout le chômage pour nous reposer, car en termes d'économie, ne rien faire et faire l'amour c'est kif-kif.

« Être débordé », « charrette », « booké », autrefois considéré comme un désordre névrotique, constitue aujourd'hui une preuve de santé. Finis les grands breaks paresseux, les week-ends inutiles; même la résidence secondaire (dont nous étions pourtant les champions du monde!) bat de l'aile. L'expression congés payés est quasiment insultante et, si l'on tolère les vacances formes, le farniente, activité éminemment sensuelle et propice aux ébats amoureux, est très mal vu. Nos gouvernements, on les comprend, ne pourraient consentir à encourager des occupations aussi ludiques, que si les pratiquants fournissaient, en échange, des héritiers et des bras à notre vieille France. Mais pensez-vous, c'est le monde à l'envers, plus ils baisent, moins ils font d'enfants! Non, pour le produit national brut, l'abstinence est une aubaine : économie de temps et concentration d'énergie!

Les entreprises les plus performantes, l'œil rivé au chiffre d'affaires, ont vu avant tout le monde les bénéfices qu'elles pouvaient tirer d'une abstinence bien gérée. Sous pression, le sujet évacue son énergie dans une passion incandescente du travail. Mais attention, il convient de doser habilement la frustration afin qu'elle n'altère pas la bonne humeur du cadre. On met donc à sa disposition un éventail de techniques efficaces et rapides de « baise sans sexe » qui sont aux managers et aux manageresses ce que la Geisha d'autrefois était au samouraï : le must du raffinement! On les diététise, on les bichonne ou les bouchonne, ou, dans des versions plus sportives du défoulement, on les fait courir sur les braises ou sauter du haut des ponts, retenus par un élastique à la patte.

L'exemple est suivi par les foules friandes de nouveaux espoirs! On explore successivement tous les raffinements des massages : métamorphisme, ostéopathie, fasciathérapie, massage californien, auriculothérapie, Shiatsu, digitopuncture, réflexologie. Ça c'est du sérieux, de l'extase en lingot! Pour 300 balles on peut se faire caresser pro et clean. Le plaisir charnel remplace le plaisir sexuel : il faut faire travailler son corps pour sentir qu'il existe. Musclette, bicyclette et ronflette sont les trois mamelles de la journée idéale de défonce professionnelle.

Négligé comme outil sexuel, baladé de sièges de voitures en canapés Ikéa, le corps s'ennuie et s'ankylose.

Qu'à cela ne tienne, un « service » florissant dans les grandes villes permet la rééducation physique : les salles de remise en forme (en français : camps de dépressurisation sexuelle) regorgent d'aficionados de l'orgasme musculaire et de l'extase de la courbature. Les ennemis de l'amour répandent même le bruit qu'une nuit de plaisir est moins efficace contre la cellulite et l'embonpoint qu'un bon programme culturiste. Serait-ce une manœuvre commerciale pour garder le client qui, une fois amoureux, risquerait d'être moins fidèle?

Remarquez, on en a pour son argent. La salle de remise en forme orchestre une grande partouze platonique de sons et d'images où l'imagination érotique ne manque pas d'être flattée. On y voit et on y entend de ces choses! « Contractez bien les fessiers, un deux, un deux, on écarte les cuisses, oui voilà, encore, encore... »

Et, derrière ce torse digne de Monsieur Univers (« ouaouh! t'as de beaux muscles, tu sais »), cette jeune fille dont on n'aperçoit que le visage chaviré et le torse aux formes épanouies secouées d'un balancement lent et copulatoire... est-elle en train de se faire sauter par Tarzan ou de se livrer à un acte sauvage d'auto-érotisme? Pas du tout : elle travaille ses adducteurs sur une sphère de mousse.

Les choses étant bien faites, malgré toutes ces visions excitantes, personne ne viole personne : quand on a soulevé 50 fois 15 kilos au développé-couché, parcouru 10 km en danseuse sur le vélo électronique sans avoir la vue qu'on aurait méritée, ramé sur une machine pendant 2 kms sans croiser de jolis canards, mariné un quart d'heure dans un bain à remous, bouilli vivant dans le sauna, on n'est guère motivé pour bondir sur l'âme sœur!

Quel dommage! Toutes ces chairs offertes, éclatantes de santé, propres (avec le temps passé dans une eau pleine de détergent, c'est sûr), libérées, performantes et sans complexes qui refusent absolument de se mélanger! Les partisans de l'amour peuvent brandir leurs meilleurs slogans : « les bourrelets sont doux aux amants », « la gym fatigue-l'amour requinque », « mieux vaut jouir avec deux kilos de trop que suer pour les perdre », personne ne les écoute. Un, deux, un, deux, au pas de gymnastique.

Les non-sportifs ont la possibilité de canaliser leurs ardeurs vers des destinées plus spirituelles. Il y a les sectes, bien sûr, il y a aussi un pape vedette qui a bien compris comment se faire entendre en ce monde où Dieu a besoin de spectacle et des médias, et il y a toutes les techniques de méditation, relaxation, parapsy, avec leur parfum religieux plus ou moins prononcé. Quel meilleur moyen d'aimer sans être dérangé par la pesante réalité humaine?

Ni Dieu, ni sport? Pas grave, nous avons les moyens de vous faire compenser. Aaaah! la volupté de lécher... les vitrines! Aaaah! l'audacieux plaisir de s'acheter N'IMPORTE QUOI! C'est quand même moins dangereux que de coucher avec N'IMPORTE QUI! Quand les consommations charnelles baissent, laissons venir à nous les vraies consommations. L'objet, bien réel, tient compagnie sans chipoter. De mémoire de consommateur, on n'a jamais vu un four à micro-ondes exiger qu'on lui fasse la cour avant de répandre sa chaleur. Pas besoin, non plus, de chercher le clitoris du téléviseur. Qu'est-ce qui est aussi doux qu'un baiser? Une glace stéréo à la framboise, bien sûr! Mais le nec plus ultra c'est le cadeau INUTILE... uniquement destiné à « faire plaisir », un vrai cadeau d'amoureux! Et comme l'amour n'a « pas de prix », on « désire » sans compter, et ce qui est « cher » nous est plus « cher » encore!

Plus mode que la consommation, plus chic, et surtout beaucoup plus choc, l'aventure est une forme de compensation extrêmement savante. La décharge d'adrénaline vaut celle d'endomorphines et on s'envoie en l'air en risquant sa peau : escalade, chute libre, traversée à pied des grands déserts de sable, de glaces! Cette recherche d'autres émotions s'avère parfois plus dangereuse que la passion, ce qui n'est pas peu dire. Pour obtenir l'effet d'un coup de foudre, certains se jettent du haut de pics himalayens avec des ailes delta en papier de soie, d'autres traversent la place de l'Étoile à pied, juste pour effacer l'ennui d'une journée de cafard, d'autres enfin escaladent les falaises à mains nues.

Le choix est-il celui-ci : la varappe ou l'amour?

On peut préférer plus soft : jouer au loto, au tac-o-tac, à la loterie, au poker... Assurer dans la boulimie, ou mieux, dans la gastronomie traditionnelle, s'offrir des cours d'œnologie, et deviner exactement la date de naissance du grain de raisin qui, exposé en versant Est d'un cru bourgeois de 1952, a donné ce fameux Bordeaux qui coûte cinq ou six fois le SMIC... Ou s'y connaître en grands crus d'eau minérale (les Hexagonaux cumulent le record mondial de consommation de vins et d'eaux minérales), et remplacer ses désirs d'illumination par des désirs d'élimination.

On peut aussi soigner l'austérité par l'austérité, et suivre le versant vertueux de la mode : s'arrêter de fumer, boire de l'eau et des tisanes, ne manger que des légumes et des céréales... Militer pour une bonne cause, ou mieux, aller de l'une à l'autre au rythme des modes solidaritaires (au train où elles passent, on souhaite aux nécessiteux d'être nécessiteux dans le bon créneau au bon moment, parce que six mois plus tard, tout le monde s'en fout!). Ça c'est une forme d'amour complètement nouvelle : on aime son prochain même s'il n'est pas proche du tout, puisque la télé nous emporte tous les jours d'un coin à l'autre de la planète et nous fait partager les chagrins de nos lointains semblables : tremblements de terre, guerres, famines. Le sentiment solidaritaire, réservé autrefois aux gens de sa famille et de son village, se fragmente au gré de l'actualité; il est aujourd'hui planétaire.

Mais revenons à nos moutons, pour un amour tout de même plus tangible : la passion dévorante que nos contemporains développent pour des boules de poils canines ou félines (plus de chiens et de chats en France que d'enfants de moins de 17 ans! Et des milliers de tonnes d'excréments tous les jours sur les trottoirs parisiens). A la fois objet (on l'achète, on le rend, on l'abandonne, on le donne), et miracle biologique (il vit, pense, sourit, a ses angoisses, ses névroses, son caractère), l'animal est un compagnon envahissant, très utile les jours où on a envie de sauter par la fenêtre, car il est toujours prêt à partager avec nous un médaillon de mousse de canard pour fêter nos anniversaires d'abstinence.

Tout ça ne suffit pas? C'est la preuve qu'on a des problèmes.

Qu'à cela ne tienne : pour démêler l'écheveau de ses « préoccupations » (les « névroses » sont tombées dans la trappe des mots périmés), ou pour se libérer du stress, on peut faire une analyse « uniquement-pour-développer-son-potentiel-professionnel » chez un psy qu'on appelle son garagiste. Lui, au moins, il est là, à heures fixes. C'est pas qu'il nous aime, mais au moins il nous veut du bien, il est payé pour, et PAS QUESTION qu'il interrompe une séance en disant « ah non décidément, vos histoires sont trop chiantes, arrêtons », ce serait déontologiquement inacceptable! Alors on déverse ses problèmes sur lui, une ou deux fois par semaine, histoire d'être apte à parler d'autre chose quand on voit ses amis.

Heureusement qu'ils sont là, ceux-là. Heureusement qu'elles sont là, celles-là.

La grande gagnante du mascaret affectif de ces dernières années est sans doute l'amitié : tour à tour SOS-Médecins, bonjour les confidences, bas les masques, ou vive la rigolade...

On y trouve les amis d'enfance dont les apparitions épisodiques rappellent que cette vie hachée a néanmoins une trame. Bienfaisante durée. Honnêtement, ce n'est pas cet amant qu'on connaît à peine qui penserait à nous envoyer à domicile un masseur, au moment où l'épuisement nous empêche même de nous reposer! Ça ne peut venir que d'une amie, une idée comme ça! C'est pas cette maîtresse qui nous tient la dragée haute qui penserait à nous téléphoner à minuit pour savoir si on n'a pas trop de mal à s'endormir tout seul. Non, non, ça ne peut venir que d'un ami.

Mais la nouveauté du temps, c'est l'amitié intersexe. Fini le temps des « virils à poils bleus » qui affirmaient que c'était im-po-ssible! La liberté des mœurs permet maintenant d'avoir des relations à la fois intimes et chastes avec une personne de l'autre sexe, sans étouffer sous le poids de l'ambiguïté. Les hommes et les femmes obtiennent-ils ainsi les uns des autres, à travers l'amitié, ce qu'ils n'ont pas réussi à obtenir par la séduction? Tout est bon à prendre : la précieuse complicité entre l'homosexuel et la femme femme, la tendresse entre un vieux monsieur et une femme jeune, les fous rires téléphoniques entre Agadir et Bourg-en-Bresse... Le nuancier émotionnel de l'amitié mixte contient à peu près tous les tons de l'amour, la dépendance et l'urgence en moins. Ce n'est pas une mince différence.

L'ami donne « mine de rien » ce que tant d'amants ou maîtresses ne consentent qu'avec le sous-titre : « tout ça, c'est POUR TOI que je le fais! » (comme si on avait contracté, en les embrassant, une lourde dette nationale). Il agit dans le naturel et nous accepte dans le naturel.

Pour le rendez-vous amoureux on s'astique « à la spatiale », on se présente désodorisé, parfumé-déparfumé-reparfumé, prêt au grand show lov-lov, avec un sourire indétrônable même si notre grand-mère s'est fait dévorer le matin même par son teckel sous nos yeux. Tandis que pour l'ami, on reste soi-même, ni plus propre ni plus sale, de l'humeur du moment, avec notre tête normale. D'un côté le grand glacier de l'amour, où tout faux pas nous fait douloureusement chuter, de l'autre l'étendue douce, la grande poudreuse en pente légère où, si l'on rate son christiania, on devient, au pire, une houpette blanche sous les yeux d'un complice amusé.

On a l'odeur de l'autre sexe, sa couleur, son parfum, pas les inconvénients. D'un ami on peut tout entendre, les « j'ai pas le temps de te voir en ce moment mais je t'adore quand même », les « oh toi, j'aurais dû t'épouser », les « ça va pas... viens me voir! », les « bouge pas, j'arrive tout de suite! », et même les « je pars en voyage pour six mois, je te rappelle à mon retour »... Si on avait, pour les amours, la tolérance et la compréhension qu'on a pour ses amis, la vie à deux serait nettement plus facile...

N'empêche, l'amitié c'est quand même pas l'amour!

Alors pour sauver son abstinence tout en vivant de grandes passions, on a parfois recours aux bonnes vieilles méthodes : on aime un absent qui présente le double avantage de n'avoir jamais tort ni raison.

Pas le temps de s'engueuler, pas le temps de s'habituer, au moins on ne fait pas l'amour trop souvent, et le désir d'absolu peut connaître un épanouissement sans pareil. Les absentophiles convoitent astucieusement des partenaires occupés, indisponibles, harnachés de familles, ou choisissent des militants au poil dru qui font du dépouillement de scrutin le fondement même de leur vie érotique. On cumule les (dés-)avantages de la solitude, et ceux de l'amour avec un grand A comme Admirable Abstraction Aventure... tous ces A qu'on a tant de mal à A...ttraper et qui, pour une fois, existent bel et bien : la preuve, ON A UNE PHOTO DE LUI (« une seule parce qu'il déteste qu'on le photographie, mais il est tellement AdorAAAble d'avoir Accepté, tu t'rends compte de la confiance? C'est la dernière fois qu'on s'est vu, il y a deux mois, avec tout le travail qu'il A, le pauuuuvre! »).

L'art du « J'ATTENDS DONC JE SUIS » est avant tout une tradition féminine, permettant aux épouses de marin d'attendre des coups de fil qui ne viennent pas, des mots gentils qui ne résonnent pas, des rendez-vous qu'on ne leur fixe pas, des enfants qu'on ne leur fait pas, des bouquets de fleurs qu'on ne leur envoie pas, et... d'acheter un répondeur avec interrogation à distance pour vérifier tous les quarts d'heure que le coup de fil tant espéré n'est pas venu. Mieux encore : le système de bascule téléphonique permet de sortir pour confier sa chance à quelqu'un : « Paraît que sa femme est enceinte, elle a dû lui faire un chantage, le pauvre... Je sais pas comment il va s'en sortir !!! »

En vérité, les absentophiles sont les derniers tenants de la vraie foi... Préférant coudre des couettes en patchwork d'attente plutôt que de produire des orgasmes made in France, ces amoureux jamais déçus sont parmi les acteurs les plus raffinés et les plus imaginatifs de l'abstinence. Malgré le peu d'encouragements obtenus, ils savent garder un enthousiasme rafraîchissant qui peut donner envie à des mal lunés de les passer par la fenêtre.

Le culte de l'absence ne convient bien sûr pas aux puristes qui cherchent avant tout, dans l'ascèse, la tranquillité (quoi de plus fatigant qu'attendre !) et qui se déclarent autosuffisants, autobaisants, autocollants.

Cette nouvelle espèce est le clou du salon de l'amour nouveau. Elle pratique officiellement le SELF-SEXE, qui n'est plus désormais le clou des vices.

Les opinions divergent sur les joies qu'on retire de la Branlette, puisque l'appellation est toujours précédée soit par « petite », soit par « bonne », soit encore par la qualification plus subtile de « bonne petite ». Faudrait savoir.

En tout cas, elle ne rend sourds que les intégristes et s'avère bien moins dangereuse pour les tympans qu'un tube de « Scorpions » écouté sur walkman 70 décibels. Anciennement dite « onanisme » et récemment rebaptisée « autosexualité », après être passée par « Frileuse », « Furtive » ou mille autres noms doux, elle apparaît de plus en plus comme l'indispensable taxe de l'individualiste contemporain. Encouragée par les partisans du safe-sex, la masturbation a le record de la méthode rapide, propre et sans danger. A New York, San Francisco et Londres, des boîtes de nuit l'ont mise à leur programme, et des individus consciencieux se calment les nerfs devant écrans et live shows, sans craindre pour leur santé.

Des sondages venus d'Amérique ou d'Europe nous affirment que, juste après les pop-corns, la dinde de Noël et l'apple pie, l'acte solitaire serait, au final, moins décevant qu'un autre. Il paraît même que les Italiennes mariées ont recours à l'artifice au moins une fois par mois, ce qui la fout mal pour nos voisins si près de leurs exploits horizontaux, et ce qui la fout bien pour notre égorico (on s'étonne d'ailleurs qu'en France, pays de l'amour, si peu d'enquêtes détaillées aient été faites sur les comportements amoureux des autochtones). Andy Warhol n'y est pas allé de main morte en déclarant qu'il était lui-même son meilleur amant, et Dieu sait s'il avait bourlingué!

Le self-sexe, prétendent des philosophes de quartier, c'est le rêve de l'homme entier, bisexuel, bisexué. Ne servant pas seulement à découvrir son corps lorsqu'on est enfant ou adolescent, à apaiser quelques vertiges quand on se retrouve en manque, l'autosexualité est revendiquée comme une pratique satisfaisante par quelques extrémistes. Une façon de faire tomber, au nom du « je n'ai besoin de personne », un tabou qui fut des plus tenaces. Démarche représentative d'aujourd'hui : je ne fais pas l'amour pour me reproduire, je n'ai pas intérêt matériellement à vivre avec quelqu'un, je n'ai jamais rencontré sentimentalement quelqu'un dont je sois tombé amoureux(se) car je ne me transporte que blindé(e), sécurité oblige et je refuse l'idée des gigolos ou des prostituées, de luxe ou pas. J'ai bien d'autres choses à faire... Donc je me « soulage », générosité on ne peut plus futuriste à une époque où même les fours sont autonettoyants.

Les âmes romantiques ne sont certes pas soulevées d'enthousiasme et considéreraient plutôt cette indépendance poussée loin comme une « hychienne de vie ».

Trouvent notamment refuge dans l'autosexualité les éclopés masculins du féminisme abusif, qui en ont marre d'avoir toujours tout faux, et qui ont retenu une seule chose des multiples leçons qui leur furent assenées : « de toute façon, les femmes, c'est trop compliqué. Elles veulent être respectées, OK, ne les importunons pas ! ». L'amour se fait « au minimum » et si quelques amants « polis » cachent leur trop-plein de désir en se masturbant sous la couette après une nuit voluptueuse, pendant que leur conquête fait griller les toasts du petit déj', c'est « par respect ». Les suffragettes du deuxième sexe ne se doutaient pas qu'elles allaient engendrer cette race nouvelle de lovers précautionneux désirant leur prouver qu'ils ne les aiment pas seulement pour leur corps!

Ce bonheur « à portée de main » est-il vraiment dans l'air du temps, la masturbation sera-t-elle la sexualité du futur? Il faudrait demander aux cosmonautes quels moyens ils préconisent en cas de séjour prolongé dans des capsules spatiales.

Parfaitement parfaite, décidément, la société nous dorlote! Admirable prolifération de propositions pour compenser les moindres manques! Mais le poison est dans le médicament.

Petit à petit, à coup de lots de consolation, on bâtit autour de soi un univers où personne ne peut trouver sa place, et quand le champ d'action se resserre méchamment, parce qu'on a vieilli sans s'en apercevoir, l'amour devient introuvable. Le « break sensuel » est devenu une prison. C'est la version noire de l'abstinence.

Quand on manque d'amour, on se dessèche à arpenter le grand erg amoureux d'aujourd'hui, et il arrive qu'on meure de soif. Alors on boit (de plus en plus de femmes s'y mettent, surtout après 45 ans). De vins rouges en calva, de demis en whisky, on finit par coûter très cher aux finances publiques, en maladies, accidents de voitures, handicaps.

Dans les dunes du quotidien où il n'y a que le sable de la solitude, il arrive qu'on s'ennuie terriblement. Alors on fume et, de brunes en blondes, on devient un gouffre pour la Sécurité sociale en affections de toutes sortes et en cancers que le tabac multiplie aussi vite que des dizaines de Tchernobyl.

Passons sur les drogues dures, de plus en plus variées, qui donnent l'illusion d'une compagnie à quantité d'adolescents (parfois plus tout jeunes). Illicite ou pas, dure ou douce, la drogue a l'irremplaçable avantage de répondre à toutes les questions : on sait de quoi on manque.

Plus raffinés peut-être, les stressés des grandes villes et les isolés des campagnes perdues s'unissent pour faire de la France le premier consommateur mondial, non seulement d'alcool, mais aussi de tranquillisants (trois milliards de « doses » ont été consommées en 1987 dans l'hexagone, les plus grosses consommations se situant en Bretagne et à Paris). Ces drogués du comprimé sont essentiellement des femmes (deux fois plus que les hommes) et des personnes âgées. Les oubliés de l'amour?

On s'en doute : pour la masse des laisssés-pour-compte (handicapés, incarcérés, miséreux, isolés des campagnes), la fin de la grande « Flower of love » n'aura pas apporté de grand changement!

Quant aux vieux, on parle beaucoup de leurs maladies, du prix qu'ils coûtent à la société, mais peu du manque d'amour charnel dont ils souffrent. Cette population, constituée essentiellement de femmes qui n'ont aucun partenaire possible (au-delà de 75 ans, trois vieux sur quatre sont des vieilles), pose à notre société « généreuse et libérale » une question toujours repoussée : les veuves ou célibataires âgées doivent-elles se réfugier dans le mysticisme, l'homosexualité ou la masturbation ? Refermons vite cette parenthèse taboue ! Nous y repenserons lorsque nous serons vieux (et surtout vieilles !) ; ce n'est pas inquiétant puisque nous serons toujours jeunes.

En attendant, comme un personnage de Sempé marchant timidement sur le quai du métro, écrasé par des murs couverts d'images de nudité, omniprésentes, omnibaisantes, on se surprend à se demander si elles ne seraient pas là uniquement pour rappeler aux humains qu'autrefois les relations sexuelles existaient.

QUE LES PLUM'S SOIENT AVEC NOUS

Bien peu d'imagination pour le lit français, beaucoup plus petit que le lit nordique : 1,40 m traditionnellement au lieu du 1,60 m. Tables de nuits mal commodes, éclairage peu engageant, rien pour éventer l'amant en chaleur, ou rafraîchir la maîtresse assoiffée...

Pourtant, tout ce qui ne se voit pas à l'œil nu sur notre visage se lit dans notre lit, boule de cristal qui éclaire nos idéologies existentielles. A quoi sert d'être président de la Poirepublique, de connaître les œuvres complètes de Lamartine ou de Bukowski, si notre bed est exigu? Ou de fasciner cinq cent mille fans hurlants, en entortillant les cordes de notre guitare autour de notre pubis, si notre couette nous découvre les pieds? Tous les idéologues du lit diront que si notre pageot gondole mollement, il est inutile de nous y suivre. Les dodos sont jumeaux? C'est que la passion couche sur la moquette.

Barque magique qui nous fait franchir en beauté le fleuve mystérieux de la nuit, le lit doit être doux au sommeil mais assez dur pour supporter les débordements de la passion sans cafter bruyamment, favoriser les naissances et adoucir les départs, contenter Napoléon et Wellington.

Alors attention, ne négligeons pas le matelas, et que les plum's soient avec nous.

Images : le sex-show must go on

Si l'individu des années 70 ne pensait qu'à ça, celui des années 90 ne voit plus que ça : on y pense pour lui.

Le sexe est sorti des chambres à coucher pour trôner sur les murs et dans les magazines. Plus aucun spot ou clip qui ne laisse apercevoir un sein nu. Hommes et femmes de papier sont érotiques du matin au soir. Que ce soit pour accompagner le jeu de scène d'un chanteur, vanter les mérites d'une voiture ou d'un potage en sachet, la chair langoureuse est offerte et présente : plus le cœur a froid, plus le corps se déshabille.

Mais après tout, ne serions-nous pas devenus, nous aussi, lisses comme des images?

Désodorisés, parfumés, toilettés, sommes-nous encore capables de flairer l'âme sœur? Fast-foodisés, surgélisés, traiteurisés, devenons-nous de piètres croqueurs pour les fruits de la passion? Walkmanisés, rockisés, boulequiéssisés, avons-nous encore l'oreille assez fine pour percevoir le murmure amoureux? Peu importe : proprets et facilement abstinents, nous sommes à point pour l'amour en deux dimensions. Les images nous libèrent de nos exigences érotiques et nous donnent l'illusion d'abondance.

L'amour est un désordre qu'il convient de ranger.

La morale s'est relâchée, la religion n'est plus toute-puissante, et les images font le boulot à leur place, en vertu du principe psychanalytique selon lequel ce qui est dévoilé, mis à jour, perd son pouvoir magique. Elles poursuivent jour après jour leur travail de désexualisation, gommant la chair, laissant passer une infime part de la fête sensuelle : on finit par croire que la fête n'est que cette répétition glaciale et stéréotypée de quelques gestes dépourvus d'émotions. Sur ce plan-là, la « communication » est un succès.

Plus de chiqué, plus personne n'est choqué.

A la télé, les danseuses-guêpières des émissions de variétés, habillées de telle sorte qu'elles paraissent plus déshabillées que si elles étaient nues, plaisent autant aux femmes qu'aux hommes, y trouvant un complément à leurs fantasmes. Et une protection. Biquette pense que Biquet n'aura pas (trop) la curiosité d'aller voir d'autres femmes, puisqu'on lui en livre à la pelle en « prime-time ». Ces chairs dévoilées sont un paysage familier. On ne les cache plus aux enfants qui, admirant les trémoussements d'une coco-girl vêtue de trois feuilles de cerisier, demandent à leur mère en jeans ou en tablier : « maman, je voudrais que tu t'habilles comme ça ».

Comme c'est mignon! L'autisme de ces spectacles séparés du quotidien est parfait.

Au bout du compte, le peuple lisse, jeune, ferme et doré qui orne les affiches et les écrans est une race à part, et les superstars planétaires ne prétendent même plus au naturel. Raquel Welch ou Michael Jackson, Cher, Liz Taylor, sont entièrement refaits, on le sait : liftés, teint blanchi, bouche rétrécie, oreilles recollées, cheveux replantés, nez redessinés, fesses aplaties, seins remodelés, genoux affinés... une véritable industrie de l'artifice! Il paraît qu'une actrice en vogue s'est fait ôter une côte pour avoir le ventre plus plat! Formidable! Nos modèles sont décidément parfaits. Ils ont réussi ce rêve commun à toute l'humanité, se créer à l'image de ses rêves, au-delà de toute contrainte : on ne sait pas toujours de quel sexe sont nos héros : Jackson, Boy George, Grace Jones... Jusqu'où peut aller le goût de la perfection! Le véritable amour d'aujourd'hui serait-il l'amour de son propre idéal?

Nous suivons pas à pas les « émotions » de nos modèles, leurs passions, leurs divorces... Même les familles royales donnent l'exemple du bordel ambiant : Fergie la rouquine avait vécu avec un divorcé avant d'épouser un prince! Stéphanie et Caroline de Monaco font la vie, concubinent, changent de partenaires... on est loin du romantisme des Windsor et du culot de la brave Margaret tombée amoureuse d'un photographe!

Images pieuses, ces idoles, malgré leur vie débridée, ou à cause d'elle, nous rassurent. Leurs sentiments sont peut-être factices, mais privés du récit de leurs aventures, les journaux et les magazines ne parleraient dans les faits divers ou les rubriques médicales que de l'épouvante de l'amour...

Et puis, il faut bien que quelqu'un s'amuse : comme les saints étaient bons à notre place, ils baisent à notre place, et ils sont si merveilleux qu'il est inutile d'espérer les conquérir, d'ailleurs ils ne nous laisseraient pas approcher, leurs sourires ont trop de dents.

Exemplaires aussi sont les personnages de pubs. On ne les connaît ni par le détail de leurs vies ni par la richesse de leurs créations, et pourtant ils vivent avec nous, font partie de notre quotidien, de nos conversations, de nos références et de nos plaisanteries. La pub, c'est les contes de fées d'aujourd'hui; on s'aime à travers les spots, on se crée des désirs, des envies. Excellents compagnons, puisque la publicité française est la meilleure du monde (encore un record planétaire, c'est fou!), on connaît ses spots bien avant ses tables de multiplication, leur juxtaposition étant un concentré de culture, portrait éclaté mais assez réaliste de la vie contemporaine.

« Personne ne prend autant soin de moi »... que mon dépilatoire personnel, murmure une femme alanguie; et pendant que sa copine court s'offrir un pull machin pour se consoler du fait que son « Jules a un Jules », deux effrontées regardent, grâce à des lunettes spéciales, les slips des hommes dans la rue. Spots modernes pour femmes modernes. Mangez du yaourt et vous aurez ce corps de Diane entièrement nue que la caméra entoure de la tête aux pieds, car « ce que ce laitage fait à l'intérieur se voit à l'extérieur », tiens, ça rappelle quelque chose, non?... Pour vous encourager à « faire crac-crac » des biscottes légères et obsédantes se mettent en miettes. Et si cela ne suffit pas, une bonne goutte de café fera monter le désir qui n'est peut-être pas en vous mais dans la tasse d'expresso.

Généreusement, le dieu pub nous donne nos seins quotidiens. N'empêche; que les collants, bas, sous-vêtements, parfums, bijoux fassent leurs réclames à partir du déshabillage, on comprend, mais pourquoi une femme entrant dans sa nouvelle cuisine équipée flambant neuve se retrouve-t-elle torse nu en slip de soie? Et pourquoi ce papier hygiénique s'enroule-t-il autour de ce corps d'Ève?

Ne prêtons pas aux « pubiers » plus de génie manipulateur qu'ils n'en ont. Ils utilisent quelques principes simples et vieux comme le monde, rappelant que posséder tel objet c'est posséder un morceau du grand orgasme. Et pour qu'un orgasme soit parfait il faut : du mouillé, de l'érectile, de l'accueillant et du rentre-dedans.

Pour le mouillé? Ça jaillit (on retrouve la vitalité qui est en nous en sautillant dans un champ d'où surgissent des jets puissants), ça éclabousse (on roule en voiture le long de la mer tout en chantant « j'aime, j'aime, j'aime »), ça ruisselle (une chemise en mousseline trempée laisse deviner d'agréables aréoles portées par une belle femme avalant un laitage miracle), et ça laisse des traces (de pieds nus sur le sol). Pour l'érectile? Feront merveille un bouchon de champagne qui saute, un bâton de rouge à lèvres qui bande, qui bande..., un atomiseur de poche qui refuse de rester dans la poche. Et une fois que c'est monté qu'est-ce qu'on fait? On touche! Une main s'attarde sur le manche du couteau ou sur le changement de vitesse de la voiture, et on secoue la bouteille avant de la boire. Donc, c'est mouillé, bandé, caressé... que nous manque-t-il? Un peu de rentre-dedans, pardi : on fait descendre le seau dans le puits, on pénètre le coffre de la voiture, on s'enfonce dans le tunnel, ou mieux encore, en gros plan, un cornichon croquant s'abîme dans une bouche pulpeuse...

Et bien sûr quelques évidences : au royaume de la pub, quand on porte les choses à sa bouche, SURTOUT on ne les y engouffre pas bêtement, on se rappelle qu'on déguste avec plaisir, non seulement les chocolats croustillants ou les fromages de caractère, mais...

Dans les représentations sexuelles aujourd'hui, quelles images restent choquantes? A part les

organes sexuels, toujours réservés au « hard » (c'est d'ailleurs ce qui définit le « classé X »), tout semble autorisé... pourvu que les corps soient jeunes et appétissants!

Ce qui est encore obscène aujourd'hui, c'est ce qui n'est pas montré. Un corps usé est « dégoûtant ». Même nos vieilles stars masculines (et Dieu sait si dans le domaine de l'âge, les stars conservent leurs privilèges au-delà des limites habituelles) ne roulent plus de patins dans leurs films, et surtout pas à une femme de leur âge! Quand la majorité de la population aura plus de soixante ans, découvrira-t-on l'érotisme de la vieillesse?

C'est possible, car pour les images, tout est question de mode, or, la mode c'est si moche qu'on doit en changer tout le temps. On réactualise régulièrement les modèles, on déstabilise les suiveurs qui, se demandant sans cesse s'ils sont synchros, font gaffe de ne pas se tromper de branchement, sinon ils risquent l'électrocution.

C'est ainsi que bougent la peau des choses et la surface des individus : l'année des épaules athlétiques pour les femmes suivit celle des fesses, qui triomphèrent pendant les années unisex (on s'explique le culte du cul par la ressemblance qu'il y a entre celui des hommes et celui des femmes, atténuant ainsi la trouille de la Grande Différence).

Aujourd'hui, malgré la tendance homosexuelle/virile persistante à montrer les fesses des « jeunes filles », cette mode connaît une accalmie et les seins pointent à nouveau leurs tétons [*voir encadré*]. Amortisseurs, Pare-chocs, Roberts et Bobs reprennent du poids de la bête : les dodues sont revenues en force. Déposant leurs formes dans des corbeilles de dentelles pigeonnantes, en offrande au Dieu de la santé, elles montrent par leurs rondeurs fruitées qu'elles ne risquent pas d'être atteintes par un virus contagieux.

Ah! ces corps de femmes mis à toutes les sauces! Et ceux des hommes alors?

Excepté dans les films et journaux vraiment spécialisés, le grand show de la nudité masculine a un certain retard, bien qu'il soit sur la bonne voie.

Dans les médias-soft-hétéro, le « nu-viril » en est à peu près au stade de développement des déshabillages féminins il y a une trentaine d'années. Seul un magazine pour jeunes branchés consacre systématiquement une page à un strip mâle, esthétique, noir et blanc « classe », avec impasse sur la zigounette. On a bien vu aussi quelques jolies fesses mâles dans une émission de télé d'après-midi, traditionnellement destinée aux ménagères, mais bien que celles-ci aient ri de l'inversion des usages, il n'est pas certain que leur « indice d'humidité » ait augmenté. En revanche, les magazines gays n'ont rien à envier aux journaux de cul hétéros, toutes les positions sont autorisées, toutes les érections aussi. Dans ce goût du voyeurisme, les homos sont vraiment des hommes.

POURQUOI LE SEIN EST-IL ÉROTIQUE?

Le pouvoir érotique du sein serait, selon les anthropologues, beaucoup plus récent que celui des fesses.

Chez nos ancêtres les grands singes, c'est d'abord la croupe claire de la guenon que le mâle entrevoyait à travers les buissons. Sympathique invitation à pratiquer l'archaïque levrette dans laquelle le sein ne jouait aucun rôle puisque les mamelles existaient seulement pendant les périodes d'allaitement. Ces repoussoirs érotiques signifiaient « ceinture » pour le mâle, qui ne les appréciait donc guère.

Ce mépris pour ce qui fit plus tard la gloire de Lolobrigida, Jane Mansfield et Samantha Fox, dura des millénaires, jusqu'à ce que l'homo érectus et son épouse, se distinguant des autres singes, décident de se déplacer debout, ce qui, du coup, masqua la vulve et les fesses de madame. Prenant en pitié les mâles frustrés de leur levrette et obligés de se convertir au missionnaire, la nature dota les femelles de seins permanents, visibles de face, mettant le mâle dans l'état d'excitation requis pour le dépôt de graine.

Les seins seraient donc érotiques parce qu'ils sont des succédanés de fesses.

On n'a jamais vu de femmes réaliser du X ou proposer des magazines hards. Peut-être ont-elles été trop déshabillées pour faire de bonnes déshabilleuses?

Mais cela n'empêche pas ces dames de rêver : à quand des hommes publics tout nus?

Qui se décidera à devenir le Cicciolino des Européennes [*voir encadré*]? Les hommes ont bien leur jolie député italienne qui sillonne l'Europe pour les convaincre que la politique n'est pas forcément triste à regarder. Qui convaincra les Françaises? Un ministre en costume du soir transparent dont les valseuses ballotteraient gentiment devant les caméras de télévision. Mmmm...

A Cologne, à la suite de protestations provoquées par l'utilisation d'images de femmes nues, des publicitaires ont été obligés d'afficher, en compensation, une campagne exhibant des hommes dénudés. Mais il s'agit d'un événement tout à fait ponctuel. Pour l'instant, les mannequins mâles de la pub conservent un grand avantage sur les mannequins femelles : ils ne sont pas obligés de perdre leur slip à chaque fois qu'ils mangent un yaourt! Tout ce qu'on leur demande c'est d'épiler un peu les parties visibles. A poil mais sans poil, ou si rarement! En pub, l'homme a le torse lisse et doré. Trop animal le jeu d'ombres d'un beau système pileux sur le corps, avec les parcours et les odeurs qu'il suppose? Le poil évoquerait-il trop précisément l'existence d'un sexe?

VERS LE STRIP POLITIQUE

Avant de choisir un homme politique, les électrices, qui n'ont pas le droit de vote depuis bien longtemps, devraient exiger que les hommes politiques enlèvent leur bitube en direct à la télé : elles sont en effet capables de tout lire dans cette activité révélatrice.

Si tel ministre enlève élégamment sa ceinture et fait chuter dans un souffle son pantalon sur les chaussures étincelantes, il sera un excellent inaugureur d'œuvres publiques.

La persévérance de celui qui se tortille longuement avant de s'extraire de ses fourreaux délavés le désigne comme excellent négociateur européen.

Celui qui lance en l'air son fut' d'un croc-en-jambe, de sorte qu'il retombe parfaitement plié, c'est le type performant, apte à occuper un poste stratégique où la maîtrise de soi doit être balaise.

Que penser de ceux qui ôtent leur pantalon laborieusement et le plient avec soin? Qu'ils seront excellents dans la comptabilité étatique et dans la gestion.

D'un pantalon deux coups : pour assurer la transparence du financement des partis, les caleçons, culottes, slips mâles qui apparaîtront durant la performance porteront le nom du sponsor.

En tout cas, si la pub est pudique avec ses mâles, le cinéma l'est moins, et c'est encore aux metteurs en scène masculins que l'on doit l'idéalisation de leur sexe. A leur tour les hommes sont confrontés aux images montrant une virilité exacerbée par les Schwartzennegger et Rambo. De quoi donner des complexes à ceux qui envieraient la musculature de ces personnages hors gabarit. Ils connaissent désormais, mais à bien moins grande échelle, ce que les femmes vivent depuis longtemps : l'angoisse d'être comparées sans cesse aux professionnelles de la beauté des quatre coins de la planète.

Ceux qui ne donnent aucun complexe à leurs semblables quand ils se montrent à poil, ce sont les animaux, qui réjouissent nos contemporains : un ours, un lapin et des dauphins ont fait un carton au cinéma, et lors d'un sondage SOFRES/30 MILLIONS D'AMIS, les téléspectateurs ont placé le chien MABROUCK en deuxième position de leurs animateurs télé préférés... Juste après Patrick Sébastien et juste avant Dorothée et Pivot!

Tellement mignons, tellement humains, tellement malins, ces amours de vedettes ne déçoivent personne avec des réponses stéréos et typées à des interviews qu'ils ne peuvent accorder! Et puis ils nous éloignent des catastrophes humaines qui font notre programme télé quotidien (le cinéma « de personnes » finit toujours, à un moment ou à un autre, par ressembler au JT). Pour l'instant on ne les a pas vus non plus se lancer dans l'amour solidaritaire, autre mode à laquelle sacrifient toutes nos stars, déclamant et chantant pour les nécessiteux et les abandonnés. Encore une nouvelle représentation de l'amour. Bravo, bien sûr, pour l'argent que les concerts de soutien rapportent aux fondations d'entraide et auxquels les Français assistent volontiers. Mais... le sourire de cette vedette (tellement habituée à montrer ses dents dès qu'elle apparaît en public) qui, se souvenant brusquement qu'elle est dans une affaire « grave », s'empresse de reprendre un visage tragique... Brrr!

Au moment où les rapports entre les pays riches et les pays pauvres n'ont jamais été aussi scandaleusement déséquilibrés, notre « générosité » est exhibée avec force par nos idoles. Une mauvaise langue dirait que cela nous dispense d'y réfléchir davantage... Allons, allons, n'y pensons plus, qu'est-ce qu'il y a ce soir à la télé?

Jusqu'à maintenant on savait à quelle heure la France mangeait, maintenant, avec les films X sur le petit écran, on sait à quelle heure la France bande. C'est la collectivisation des fantasmes, on ne pouvait rêver plus parfaite domestication.

Les rapports des hommes et des femmes ont changé à partir du moment où celles-ci ont accepté de regarder des gens baiser, en compagnie de leur partenaire. Nouvelle complicité du couple nouveau qui puise son énergie dans des techniques faciles et softs. Ne fantasmez plus, nous le faisons pour vous. D'ailleurs, c'est très commode : si on a une sciatique, on peut se sauter pépère, les acteurs se chargeant des pirouettes à notre place. Ou alors, garder les yeux fixés sur le petit cul rigolo de l'héroïne et oublier que celui de Biquette est moins aérodynamique.

Quelle jubilation secrète recouvre l'idée que des milliers de gens baisent en même temps, dans la même position, induite par le même film, et s'envoient en l'air dans un même orgasme à dimension nationale? Sexe de masse, le FAST-SEXE répond au souci de conformité le plus scrupuleux.

Pour ces films X, peu d'imagination mais beaucoup d'images à la fois hyperréalistes et déréelles : rien n'est vraiment montré, puisque tout est montré dans ces laborieux catalogues de positions élémentaires. Sucer, baiser, téter, levrette, et on recommence, en essayant d'en faire tenir un maximum dans un minimum de temps et d'espace. Fantasmes précis : rien que des jeunes mariées, rien que des chauffeurs-livreurs, rien que des sans-culottes et des bonnets phrygiens, et, pour épicer le tout, quelques coups (les traditions ne se perdent pas!) : une petite gifle ou une grosse beigne avant une bonne bourre ne font apparemment jamais de mal! Pas la moindre trace d'humidité sexuelle, pourtant, chez ces furies avides de pines turgescentes, alors que les bouchons des bouteilles de champagne portatives de ces messieurs sautent dans tous les sens. Et gros plan sur l'éjaculation.

Quelle que soit sa qualité, cet étal qu'on ne pouvait regarder qu'en douce, avec un vague sentiment de honte, dans des salles spécialisées, arrive dans les chambres à coucher. Les Français s'y sont tellement habitués que les émissions simplement coquines (chaque chaîne avait la sienne) font flop au lieu de faire monter l'audimat et... le reste! Forcément, le soft est partout : dans les pubs, dans les films normaux, alors, pas de temps à perdre, pour le coquin il faut de l'efficace, il n'y a plus que le hard pour survivre.

Et il survit si bien, tranquillement, à la maison, qu'on perd d'autres habitudes : terminé par exemple le graffiti porno! Depuis qu'*enfiler* est passé dans le lexique des mots tendres, depuis qu'on peut dire en toute quiétude à sa fiancée qu'on a très envie de la *sodomiser*, et qu'elle trouve ça charmant, qu'est-ce qu'il reste à écrire sur les murs? « Je suce les pieds des filles, celles qui sont intéressées laissent leur téléphone. » Voilà une proposition originale, généreuse et hygiénique (pour les filles) qui reste mystérieusement sans réponse. Mais on est loin de la luxuriance imaginative de nos chiottes publiques d'antan.

De toute façon de quoi aurait-il l'air, le graffiteur individuel, en train d'écrire « Suce-moi salope » en face du cinéma « couilles en l'air » titrant 4 sur 4 : ENC... – MOI ENCORE. Bizarrement la censure s'est acharnée à faire cacher les images des films X (qui, hors de leur contexte psychologique, ressemblent, grosso modo, à ce que les conscienciеux de la libération ont tous plus ou moins fait dans la bonne humeur, un jour ou l'autre, ne serait-ce que « pour voir », avec leur petit copain ou leur petite copine), et elle a laissé les titres s'épanouir, oubliant que ce n'est pas la position qui fait la pornographie, mais l'intention. Résultat, l'exhibitionnisme graphique est devenu artistique, chaste et gratuit.

Tiens, tiens, cela signifierait-il qu'à force le hard tue le hard et que, du coup, la représentation est obligée de passer... à côté?

De plus en plus, le corps est glorifié comme une extraordinaire machine physiologique. Après avoir vu les individus en maillot de bain, torse nu, tout nus, puis à poil (pubien!). Après avoir mis en scène les organes génitaux plein cadre, puis les avoir rasés pour en voir davantage, on passe audacieusement de l'autre côté de l'épiderme, on entre dans le vif du sujet, avec des micro-caméras qui se baladent à l'intérieur du corps. On s'extasie devant le travail incomparable des organes ou des cellules montrées en gros plan à la télévision dans une intimité biologique qui a peut-être remplacé l'obscénité pornographique. C'est pas du cul, c'est de la Culture. Maintenant on comprend tout à fait l'angoisse de Pascal devant l'infiniment grand et l'infiniment petit.

Le premier qui tombe amoureux d'une muqueuse d'utérus grossie cent fois a gagné le droit de nous raconter son expérience.

PUZZLE ÉROTIQUE

Le zapping peut être un créateur de puzzles érotiques étonnants. 6 chaînes de télé et un magnétoscope... Ça vous tue à petit feu le plus résistant des téléspectateurs... Surtout depuis qu'il y a des films pornos.

Pour les gens qui mettent souvent la télé sans le son, pour se tenir compagnie quand ils travaillent tard la nuit, ça peut devenir perturbant.

On bosse par exemple sur son ordinateur, et de temps en temps, on lève un œil courtois vers la télé. Tout à coup, des fesses s'agitent frénétiquement, et si on aime les choses précises on peut compter 4 fesses, un phallus en érection, un autre plat, et 4 seins dont deux recouverts de dentelle noire, d'où on déduit rapidement qu'il y a entre 4 et 6 personnes minimum... On se sent tout de suite moins seul et on continue son petit travail.

Tiens, le phallus pénètre un orifice... On continue son petit travail...

Tiens, les deux seins sont maintenant habillés en matelots, c'est très mignon, et on continue sereinement son petit travail. On relève la tête, on voit Thatcher se diriger vers Mitterrand. Sursaut! Non pas lui, pas eux, ils ne vont pas faire ça!!! L'Europe d'accord, mais pas à ce point-là.

MONT DE VÉNUS VERSANT FUTUR

Dans les [illegible]

[illegible]

pas et dévorez.

D'abord, dans le [illegible] nous plus à la [illegible] vous n'aurez plus [illegible] de [illegible] plus de [illegible] en dehors. Les grands [illegible]

Dans les comportements des vingt dernières années, certains changements parmi les plus redoutés (l'éclatement de la famille en particulier) sont passés comme des lettres à la poste, tandis que d'autres, qui n'inquiétaient personne (l'allongement spectaculaire de l'espérance de vie), posent de réels problèmes. Excellente leçon pour les amateurs de pronostics.

Seule certitude – et c'est plutôt pour après-après-demain – : l'espèce humaine a vachement intérêt à préparer le décollage pour quitter la planète avant le grand chaud et froid. A part ça, on peut dire n'importe quoi. Ne nous en privons pas et délirons.

D'abord, dans le futur, nous ne nous en remettrons plus à la loterie imbécile des chromosomes : nous n'aurons plus de tare, plus de calvitie, plus de strabisme, plus de pieds en dedans ni de genoux en dehors. Les grands buveurs pourront se faire implanter deux foies, et les grands baiseurs deux zizis; nous serons indestructibles, beaux et pneumatiques.

On n'estimera plus immoral de se faire exactement le genre de gueule qu'on veut : un matin on s'offrira un corps de Suédoise, laiteux et doré, le lendemain, on sera une figue de soie et de feu, sortie des ténèbres d'un souk. Un soir on deviendra une femme de Neanderthal, poilue comme un ours, capable de sectionner d'un coup de dents la tête d'un lapin de garenne, et deux jours plus tard, on exhibera fièrement des seins Second Empire. Grâce à la biochimie, certains hommes arboreront des sexes jolis comme des fraises, d'autres comme des carottes, ou comme des champignons... il en existera pour tous les goûts. Et si ça ne suffit pas, on se commandera un ou une complice, assorti à nos états d'âmes, et on pourra faire dodo avec le Cardinal de Retz, Jane Birkin, Jules Ferry, Joséphine ou Mickey Rourke. Au début, on attirera les foudres de tout le monde, puis on s'y habituera, et il n'y aura plus que les pauvres pour avoir un seul corps...

Ce qui ne les empêchera pas de disposer d'une infinité de jouissances grâce à une excellente initiative de l'État qui aura placé un appareil à enregistrer les orgasmes sous chaque lit. Les meilleurs coups seront retenus et proposés à tous dans la grande « sensualothèque européenne d'à tous les coups l'on gagne ». Par un moyen technique qui sera révélé au cours d'une émission présentée par le petit-fils d'Anne Sinclair, il suffira de se reprojeter l'orgasme choisi DIRECTEMENT DANS LES SENS. Orgasme de type Badinter/Badinter, Mike Jagger/Tarzan, Roux/Séguela, Charles/Lady Di... il n'y aura qu'à demander.

Quant à la masturbation publique, une dizaine de petites manifs en période électorale l'auront fait passer dans les mœurs. Il y aura des tables de bistrot « étudiées pour », en terrasse, avec pan de nappe cache-sexe (jetable, pour l'hygiène) permettant de satisfaire discrètement à ses besoins sans heurter les passants et passantes.

Ou alors...

Nous serons enfin délivrés du relationnel, comme l'indiquait déjà la tendance de la fin du XXe siècle, avec d'un côté ses pays performants, high-tech, et leurs mégapoles où la solitude gagnait du terrain sur chacun, et de l'autre les pays non développés, où personne n'était jamais seul.

Très développés et très mégalo-polisés, dans une société bipolaire avec d'un côté les célibataires et de l'autre les célibataires, nous aurons appris à maîtriser la solitude. Grâce à nos ordinateurs pas plus grands que la paume de la main, capables de reconnaître le son de la voix et l'écriture manuelle, nous pourrons travailler de chez nous en paix, enfin débarrassés de nos inutiles relations de travail, de leurs odeurs, de leurs humeurs et de leurs bruits. A la place nous « communiquerons » jusqu'à nous faire sauter cartes mères et mémoires vives dans un superbe orgasme plein de bits et d'octets.

Nous aurons un écran à fantasmes personnalisés qui délivrera les images les plus propices à nous faire connaître le grand frisson.

Nous aurons des robots amoureux, patients, caressants et toujours d'accord, sans problèmes de carrière ou de carburant, avec une gueule de star de cinoche, une santé... de fer, et, bien entendu, un corps de rugbyman ou de danseuse hindoue. Pratiques, agréés par le ministère de la santé, ils seront rapides, efficaces, et bénéficieront d'un service après vente... WouaouHHH! Et si nous les trouvons trop encombrants, nous aurons des pilules à déclencher l'orgasme, parfaitement adaptées au temps dont nous disposerons et à l'énergie que nous souhaiterons y consacrer.

Bien sûr, délivrés des gros ventres, nous laisserons la société prendre en charge la reproduction de l'espèce et nous serons tranquilles car nous pouvons compter sur elle : on n'a jamais vu une espèce se laisser mourir sans avoir tout essayé. Des haras humains verront le jour, où, dans une égalité enfin rétablie, débarrassés du poids des névroses parentales, les enfants, dont on choisira le sexe, la couleur des yeux, le QI, la taille et les oreilles, seront préparés à affronter le siècle futur dans les conditions les meilleures grâce à l'enseignement le plus pointu.

Les rares adultes qui tiendront absolument à

se reproduire par des voies naturelles auront le droit de le faire : leurs petits, ne bénéficiant que d'un enseignement ordinaire, seront artistes ou marginaux, et c'est très bien comme ça : toute société a besoin de son quota de saltimbanques.

A moins qu'au contraire le troisième millénaire ne commence par le plus sexy des siècles, qui mettra des baisers à toutes les lèvres qui n'en ont pas aujourd'hui...

« Nous aurons des lits pleins d'odeurs légères, des divans moelleux comme des mashmallows... » Le traitement anti-sida trouvé, nous pousserons un grand soupir de soulagement, nous nous précipiterons dans les bras les uns des autres, tous en petites culottes roses, et dès que quelqu'un débandera, on entendra hurler le SAMU et son équipe de redresseurs de pines, shooters de ginseng et détecteurs de clitoris.

Par ailleurs, la couche d'ozone sera tellement naze que les télécommunications verront leur règne s'achever nous libérant enfin de leurs chaînes. Il fera si chaud en Occident qu'on n'aura plus besoin d'aller en Afrique pour vivre tout nu comme on aime. D'ailleurs il n'y aura plus d'Afrique.

Il fera toujours doux, toujours beau, les enfants manifesteront avec leurs grands-parents pour exiger qu'on leur foute enfin la paix. Par les fenêtres perpétuellement ouvertes, on entendra s'échapper les bruissements subtils ou sauvages des milliards d'orgasmes à répétition que se feront des hommes et des femmes consacrant enfin au plaisir et à l'amour le temps qu'ils ont passé jusque-là à se défier les uns des autres.

Admettons cependant que ces prédictions sont ainsi peu crédibles que les prévisions météo d'aujourd'hui : l'avenir n'existe pas et on ne baise avec lui que lorsqu'il se métamorphose en présent.

Alors si, par hasard, la réalité n'était pas franchement suave, nous aurions toujours le père Noël pour nous faire rêver; en voilà un dont la notoriété mérite de passer le cap des années!

Tout rouge comme une pomme d'amour, avec son gros ventre et sa bouche sensuelle qui apparaît voluptueusement à travers une forêt de poils, il vient toujours au moment prévu et ne reste jamais assez longtemps pour qu'on s'en lasse. Il s'enfonce dans les cheminées les plus étroites pour nous apporter le plaisir du don et, après avoir vidé son sac dans nos maisons, il fouette ses rennes et part tout droit dans le ciel. Y a-t-il plus érotique?

Même, on créera une mère Noël, pour ne pas faire de jaloux.

Bibliographie

Francoscopie, Gérard Mermet, Larousse, 1988.

SOFRES, *L'état de l'opinion, Clés pour 1987*, Seuil.

SOFRES, *L'état de l'opinion, Clés pour 1988*, Seuil.

Nous les célibataires, Odile Lamourère, Hachette, 1988.

Les femmes et l'amour, Shere Hite, Stock, 1988.

CET OUVRAGE A ÉTÉ COMPOSÉ
ET ACHEVÉ D'IMPRIMER SUR ROTO-PAGE
PAR L'IMPRIMERIE FLOCH À MAYENNE
EN AVRIL 1989

D.L. AVRIL 1989. N° D'IMP. 27921
ISBN 2.7158.0746.5
F2 6737